이주희 시집

고 씨의 평미레

고 씨의 평미레

인쇄 · 2025년 9월 5일 | 발행 · 2025년 9월 10일

지은이 · 이주희
펴낸이 · 한봉숙
펴낸곳 · 푸른사상사

주간 · 맹문재 | 편집 · 지순이, 김수란
등록 · 1999년 7월 8일 제2-2876호
주소 · 경기도 파주시 회동길 337-16(서패동 470-6) 푸른사상사
대표전화 · 031) 955-9111(2) | 팩스 · 031) 955-9114
이메일 · prun21c@hanmail.net
홈페이지 · http://www.prun21c.com

ⓒ 이주희, 2025

ISBN 979-11-308-2321-8　03810
값 12,000원

· 저자와의 합의에 의해 인지는 생략합니다.
· 이 도서의 전부 또는 일부 내용을 재사용하려면 사전에 저작권자와
  푸른사상사의 서면에 의한 동의를 받아야 합니다.
· 이 도서의 표지와 본문 레이아웃 디자인에 대한 권리는 푸른사상사에
  있습니다.

푸른사상
시선

211

고 씨의 평미레

이주희 시집

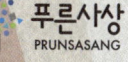

| 시인의 말 |

담판한은 시판이라는 등짐을 지고
오늘도 뚜벅뚜벅 걸어갑니다

전경인이 땀을 식힐 수 있는
한 뼘 솔개그늘이 되어줄
옥설(玉屑) 한 구절을 마련하려고

2025년 8월
이주희

| 차례 |

■ 시인의 말

제1부 따봉! 엄마표 아무라이스

말복 아침	13
복만두	14
아무라이스	16
콩나물밥	18
수박	20
소문난 호두과자	22
나의 알천 돈암동	24
냉장고	27
신창동 연가	28
호계동 914번지	30
반구대 곳간	32
수마노탑(水瑪瑙塔)	33
민들레 꽃씨 입산기	34
바람꽃	35

제2부 궂은 날 물러가고 웃날 들라고

그래야지라	39
여말이요 여말이요 하며	40
청주 한 씨 약전	42
명집(明集)	44
시계꽃	46
마당 깊은 꽃집 안주인	48
산호 반지	50
화살기도	52
하얀 목련	54
보살할미	56
엄정용 씨	57
엄정용 씨의 호기심	58
마(馬) 노인 강을 건너다	60
할미새한테서 전화가 왔다	62
섣달 그믐날	64
단풍놀이	66

| 차례 |

제3부 거룻배처럼 요동치면서도 꿋꿋했다

미나리꽝	71
매미의 절차탁마	72
작다리 목도장	74
조막손이 제비꽃	76
흔들의자	78
동상이몽	80
가시칠엽수의 겨우살이	81
까투리 찾기	82
고 씨의 평미레	84
채송화	86
피사리	88
팽목(彭木)	90
최현배	92
8호실의 항거	94

제4부 개나리꽃 위에서 춤추는 노랑나비

시꽃	99
적(籍)	100
주희(周熙)	102
경선(暻瑄)	104
강현(綱炫)	106
삼신할멈바위 앞에서	108
개나리미장원 원장	110
쑥순이전	112
상강 이후	114
칡꽃 잔칫날	116
11월 15일	118
효부	120
담판한(擔板漢)	122
조전손전	124

■ 작품 해설 노동의 언어를 통한, 공동체를 위한
　　　　돌봄의 시학 _ 김윤정　　　　　　127

제1부

따봉! 엄마표 아무라이스

말복 아침

별도 달도 초롱초롱한 어둠 속에서
수탉이 목청을 높인다
부창부수라는 듯 암탉이 화음을 넣어준다
아빠 엄마를 거들고 싶은지
병아리들 종알거림이 이어진다
며느리가 안방에서 살그머니 나오는 소리에
마루도 부엌도 단잠에서 깨어난다
부사리의 대찬 기상 노래가 오늘따라 우렁우렁하다
목매기송아지 어스럭송아지도 복창을 한다
창밖이 기지개를 켜고 먹빛이 옅어진다
돼지 참새 까치 개 멧새까지 끼어드니
온 마을이 들썩들썩거린다
텔레비전 수다에 마루도 꽤나 수럭수럭하고
부지런쟁이 옆집 할아버지가 경운기에 시동을 건다

도마질 소리 압력솥 딸랑거리는 소리가 날아다니고
전 부치는 냄새 칼칼하게 갈치 조리는 냄새에
인삼 대추 마늘 밤 넣은 삼계탕 냄새가
조심스레 방문을 두드린다

복만두

팔십 중반인 큰언니는
생글거리는 만두피를 집으며
코로나 물러나서 동방삭이만큼 살자고 운을 뗀다

작은언니는 손바닥만 한 하양 만두피로
밤톨만 한 빨강 초록 노랑 깜장 만두 네 개를 감싸며
큰손녀가 대학교 합격 깃발 꽂길 빈단다

막내는 만두를 잘 빚어야 예쁜 아기 낳는다며
흥부 박 같은 큰며느리 맞아
오얏꽃 닮은 손녀를 보는 게 소원이란다

나는 두부 돼지고기 숙주나물 김치 버무린
소를 빵빵하게 넣으며
복만두는 볏섬만두라 한다니
운조루 뒤주 같은 시를 빚고 싶다고 말한다

설날 앞두고 복만두 닮은 네 자매가

다붓다붓 모여 앉은 용인집
까치 우는 오얏나무 가지마다 햇살이 수북수북하다

아무라이스

목도리도마뱀처럼 달려와
와락 안긴 아이는
아이스크림 있을까 고구마튀김 있을까
두리번거리며 엄마 손을 살피지 않는다

입성 매만지고 총총히 나가려는 엄마 치맛자락을
살그머니 잡아당기며 눈을 맞추던 아이

쉬며 놀며 숙제하고
장독대에 올라가 지나가는 사람 내다보고
하늘의 비행기도 쳐다봤을 텐데
바람결에 달려온 분꽃 냄새에
엄마는 어디쯤 오고 있을까
일인극 하듯 하루해를 보냈을 텐데

엄마가 밀린 설거지하고 쓰레질하는 동안
붙박이가구처럼 한쪽에서 얌전히 놀고 있다

저녁이 늦어 얼마나 배고플까

서둘러 김치와 찬밥을 볶아 계란 프라이 얹고
찌이익 토마토케첩 뿌려
오므라이스 먹자는 민망한 부름에
알밤 본 다람쥐처럼 쪼르르 달려온 아이가 외친다

따봉! 엄마표 아무라이스

콩나물밥

　　1

내가 볼살을 씹은 날
엄마는 돼지고기 반 근과 콩나물을 사 왔다

쌀을 안치고
돼지고기는 쑹덩쑹덩 배추김치는 쏭당쏭당 썰어 올리고
콩나물도 얹었다
뜸이 드는 냄새가 노랑나비처럼 집안을 팔랑거리는 동안
엄마는 비손을 보태 양념장을 만들었다

식구들이 둘러앉은 두레반
아버지보다 먼저 받은 콩나물밥에 양념장을 끼얹고
혼자만 받은 계란에 애드벌룬처럼 한껏 수수러진 나는
술적심 없는 한술 밥도 푼푼했고
스리는 말 잘 듣는 아이처럼 수굿해질 것 같았다

　　2

의사의 경고성 당부를 새기며

새가 모이 먹듯 점심을 때웠지만
텔레비전에 정신을 뺏긴 탓일까
볼살을 암팡지게 깨물었다

오늘 저녁은 스리 동티 방지용 엄마의 명약
돼지고기콩나물밥이다

수박

후줄근한 몸으로 현관문을 여는데
수박 냄새가 와락 달려든다

수박 향초를 켜놓은 것도
석탄일 대웅전처럼 수박등을 달아놓은 것도 아니다
집안 곳곳을 둘러보고 냉장고까지 열어보지만
냄새의 출처를 알 수 없다
텔레비전을 켜보지만
수박이나 은어를 먹는 장면이 나오는 것도 아니다
물샐틈없이 문들을 꼭꼭 닫아놓았으니
이웃집에서 스며들 리도 없는데
각시 따라다니는 꼬마 신랑같이 달라붙는 수박 냄새에
입덧하는 새댁처럼 도리깨침이 고인다

어느 음식이 당기는 건 몸이 필요로 해서라고
중학교 가정 선생님이 말씀하셨다
수박은 수분이 많아 피로와 갈증을 없애준다지

코로나에게 판정패 당해

뙤약볕 아래 오금드리 같아졌을 손주들 걱정
작별 인사도 없이 먼 길 보낸 작은형님 생각에
삼 년 가뭄에 한 때기 천둥지기가 되는 내게

앞바람 타고 제비가 며느리의 택배를 물고 왔다

소문난 호두과자

해가 뉘엿거리는 범계역 7번 출구
메추리 색깔 점퍼를 즐겨 입는 아저씨는
오늘도 삼륜 오토바이 위에 둥지를 틀고
'소문난 호두과자' 문패를 내건다

뒷동산의 잔설같이 머리칼이 반짝이고
자손 없는 묵뫼만큼 등이 구부정한 아저씨
귀갓길 발걸음을 재촉하는 된바람에도
가을 메추리처럼 오동통한
호두과자를 순풍순풍 낳는다

서두르는 퇴근길 발걸음이
한 봉지를 집어도 두 봉지를 들어도
서성이다 빈손으로 돌아가도
얼굴이 다람쥐처럼 해맑은 아저씨는
값을 물어도 겨우 입술만 달싹거릴 뿐이다

장바구니를 내려놓고 한 봉지 잡은 손이

천 원짜리 석 장을 건네면
푸르른 날 풍을 맞았다는 아저씨
어줍게 손을 내밀지만 바람도 올바람이 낫다는 듯
눈은 한겨울 동살같이 웃는다

북두칠성처럼 반짝이는 소문난 호두과자 아래
부제(副題) 같은 '한 봉지 삼천 냥 두 봉지 오천 냥'도
덩달아 일 년 열두 달 씩씩하다

나의 알천 돈암동

성당집 할머니는 일요일마다 식구들과 설빔 차림으로 나서며
천당도 함께 가자고 이웃에게 손을 내밀었다
소아마비로 다리를 저는 같은 반 친구 동춘이네는 차관 집이었다
일하는 할머니가 가끔 귀뚜라밋국을 끓인다며 난처해하는
그 애 엄마를 겸손하고 착하다며 모두 칭찬했다
소꿉장난할 땐 은행집에서 집집이 선물한
코끼리 저금통에 동전밥을 먹이며 놀았다
인심의 화수분인 텔레비전집은 교수집이었는데
이은관이 배뱅이굿을 하는 날에는 밤늦도록 대문을 열어놓았다

주인이 기억나지 않는 두 집은 내겐 권 대감집과 이 대감집이었다
고욤이 잔뜩 매달린 나뭇가지가 아랫집으로 넘어왔는데
오성이 권율 장군의 사위가 된 이야기를 들은 후부터였다
고무줄놀이를 하던 정옥이네는 민영환의 친척집이라 했다

적산가옥이라는 이층집은 멋진 정원에 담쟁이덩굴로 덮인 집채
열어놓은 창문에서 뻐꾸기시계가 울어 동화 속 마법의 성이었다
맨 아래 병원집이 있었는데
한밤중에도 왕진을 오는 의사의 웃음은 약사여래를 닮았다

북한산 줄기를 이고 있는 동굴집은 여름엔 시원하고 겨울엔 따뜻했다
눈비에도 끄떡없고 그네도 매여 있어 나는 무시로 드나들었다
순옥이 동생이 내가 타는 그네에 부딪혀 넘어졌을 때
그 엄마는 되레 자기 아들을 나무랐다

곗돈을 타먹은 계원이 도망가자
계주였던 세탁소집 아줌마가 시름시름 앓다 죽었다
악다구니 대신

마을 어른들은 남은 식구의 반찬을 만들어 나르고
아이들은 그 집 꼬마와 놀아주었다

나의 알천 돈암동 417번지
오르막 삼거리 가장 꼭대기 우리 집은
둥구나무 아래 평상처럼 늘 복작복작했다

냉장고

우리가 도란거린 날 당신은
알콩달콩한 콩 음료 건네고
티격태격한 날엔 초코 맛 쌍쌍바 꺼내주며
어깨동무하자고 다독였지요.
내가 개밥바라기 보며 퇴근하면
밥알 뜬 식혜로 방울땀을 식혀주고
출장 마치고 돌아오면
냉막걸리에 두부와 묵은지 곁들여 주안상 차려
합환주처럼 들이켜자 했지요

내가 팔을 다쳐 깁스하고 들어온 날
깍두기 곁들여 사골 국물 내놓고
가뭄더위에 수양버들처럼 늘어져 있으면
솔바람 같은 물 한잔 권했지요

살갑기는 평양 나막신인 당신
고기 채소 과일 떡 인심 쓰는 화수분 같은 당신

신창동 연가

신창시장에서 네 평짜리 속옷가게를 하는 동안
아이들의 한글 공부를 위한 동화책은
방바닥에 일렬횡대로 누워 징검돌이 되었고
〈황금박쥐〉〈로보트 태권 브이〉 노래는 온 동네를 날아다녔다

괭이밥 같은 별이 초롱초롱한 새벽에
평화시장으로 남대문시장으로 물건 떼러 가는 날 아침
아이들 시중은 당연히 남편이 도맡았다
달맞이꽃 같은 별이 피어나고
미라보다리 아래 흐르는 센강으로 변한 우이천을 따라
퇴근한 남편은 기꺼이 아이들 저녁밥도 책임졌다
어쩌다 네 식구가 도란도란
삼겹살을 굽고 잡채를 만든 날은 잔칫집이 되었다

옆방 딸들은 얼굴 하얀 작은애에게
자기네 옷을 입혀 백설공주라며 깔깔거리고
큰애에게는 한글을 가르쳐주기도 했다

아이들이 불장난으로 유엔 팔각성냥 한 통을 다 없애며
방바닥을 깜장 점박이로 만들었다
놀란 김에 회초리를 든 나는 아이들이 짠해져서
다음 날 명동의 백화점에 데려가 짜장면을 사 먹였다

안방에서 전화가 혼자 울든 말든 장독대에서 밖을 내다 보며
학교에서 돌아올 형을 기다리던 작은애가
반나절 내내 비를 맞아 독감에 걸린 적도 있다

네 식구가 달랑 방 하나에서 복작거리는 살림이었지만
짭조름한 샘표 간장 냄새가 랜드마크인 신창동에서
애동대동한 시절을 보낸 우리는
방 네 개짜리 보금자리를 마련하였다

호계동 914번지

참새방앗간
까치미용실
직박구리부동산
딱따구리인테리어
콩새반찬집
할미새건강원
팝콘마트
엄마손맛분식
나비잠이불집
팡팡다이어트
대박로또판매점
원앙폐백음식점
고향포차
푸른솔약국
윤이나빨래방
금손컴퓨터출장수리점
루비콘게임방
빛이나조명

공일공텔레콤

2021년 호계성(虎溪城) 안팎에는
종이호랑이들의 토롱(土壟)이 늘비하다

반구대 곳간

자식들 무병장수를 꿈꾸네
거북등같이 넓은 반구대에서 무검(巫劍)도 요령도 없이
두 손이 닳도록 당골네처럼 비나리를 바치네

당도리 한 척 없어 야거리 타고 작살 어살 챙겨
향유고래 돌고래 잡아 온다고 큰소리치며 나간
사내의 무사 귀환을 바라네
영등할매와 배서낭에게 새벽달 뜨도록 고사 지내네

자식 뱃구레 채우겠다고 화살 들고 산으로 간 사내
호환을 피하고 산토끼 멧돼지 잡아 오기를
백성들 안녕을 위하는 나랏무당이 굿하듯 비네

천년만년 살 수 없어
별도끼 달도끼로 찍어 고래 거북 상어 물고기 잡아 오네
돌칼로 호랑이 사슴 노루 늑대 곰 새겨
자식들 장생불사 기원하며 반구대 곳간을 마련하네
곁채에 돌끌로 쪼아 배와 작살 화살 가득한 광도 짓네

수마노탑(水瑪瑙塔)

부처님의 염력 덕일까
아파트 화단의 때죽나무가
수마노탑*처럼 가지마다
하얀 풍탁(風鐸)을 잔뜩 매달고 있다

자장법사가 바람을 일으켜서 풍탁을 치면
까마귀는 탑 맨 꼭대기 수연(水煙) 같은 우듬지에서
합장하듯 공손히 날개를 모으고
부모은중경으로 화답한다
천의봉 자락 계곡에서 노는 열목어 닮은
꼬마들은 탑돌이하듯 강강술래하듯
때죽나무 주위를 맴돈다

엄마들은 배례석(拜禮石)에서
이 땅의 모든 꼬마들이
하루하루 무사하기를 바라며 백팔 배를 올린다

* 수마노탑 : 강원도 정선군 정암사(淨巖寺)에 있는 탑. 보물 410호.

민들레 꽃씨 입산기

정족산 산길을 오르는 민들레 꽃씨는
길섶에 주저앉고 싶다
등산화에 밟힐까 오소소 떠는 풀꽃들이 보여
살랑살랑 산바람에 힘을 받아
높지도 낮지도 않게 날아오른다
삼랑성 종해루를 거쳐 돌다리를 지나니
꽃구름과 땅이 자리바꿈할 만큼 어질어질하다
자그마한 바위에서 고단한 다리를 쉬다가
지나가던 해님의 응원에
하나 둘 하나 둘 구령을 붙이며 오르다 보니
전등사 노승은행나무가 손짓한다
산기슭에 두고 온 엄마 본 듯 안겨 어리광을 부린다
노스님 저 여기 살고 싶어요
도반들이 윤장대를 돌리며 기도해줄 거고요
동자승은행나무가 재미있게 놀아주겠지요
목탁 소리 독경 소리 범종 소리는 얼마나 멋질까요
다람쥐와 산새도 오며 가며 들를 거고요
산바람 가피 덕에
끄떡없이 뿌리내리고 꽃도 피울 것 같아요

바람꽃

장대비가 오나 함박눈이 오나
바람이 부나 펄럭입니다
기러기 날아간 곳을 바라보며 펄럭입니다
개성 쪽으로 흘러가는 뭉게구름과
눈을 맞추며 펄럭입니다

산 넘고 강 건너 해주로 날아가
멍석 깔고 모닥불 피우고 장구 치며
돼지 잡아 막걸리 마시는 꿈을 꾼다는
팔순 노인을 보듬고 펄럭입니다
가물가물한 아버지 얼굴은
거울에서도 찾을 수 없다는 넋두리를
토닥이며 펄럭입니다

대성동 자유의 마을 바람꽃은
오늘도 잎사귀 파닥이며
꽃대를 무장무장 늘여가며 펄럭입니다

제2부

궂은 날 물러가고 웃날 들라고

그래야지라

 친딸맹키로 날 보듬어준 우리 엄니 정월 초하루 새벽 댓바람에 이리 험헌 꼴을 당하셨으니 내 먼 자발을 떨어쌓았는지 모르겠네 인자 동상들 볼 면목도 없네그려

 그게 어디 언니 탓이겄소 대궐 거튼 집 구경시케드리고 떡국 한 그륵 대접할 셈이였든 거 다 아요

 아버지 찾아가는 꿈이라도 꾸셨는가 방이며 정지가 청소를 막 마친 드끼 봄꽃 만발한 드끼 훤하다 말요

 그라게 말이시 풍 맞은 느그 아버지 병구완 보람도 없고 이짝저짝 아홉 자석 굶을까 알탕갈탕 사시장철 미나리꽝에서 살던 느그 엄니가 얼척없이 비명횡사했응께 혼도 달래고 굿을 해야 쓴당께 그래야 자석들 탈이 없을 꺼라 안 허냐

 울음꽃이 요란허믄 반야용선 놓친단 마시 악착보살 되어서라도 좋은 곳으로 가시라꼬 어서어서 당골네를 모셔옴세

여말이요 여말이요 하며

웬 남자가 허겁지겁 들어섰다

부체님 거튼 자응 아짐이 가시다니 이 뭔 벼락이다요
울 어매 병원비 땜시 내 맴이 가문 논맹키 보타질 때
죽어불면 앙끗도 아니람서
암시랑토 않게 큰돈 빌레주셨다 말요
하며 두둑하니 신문지로 똘똘 만 뭉치를 내밀었다

이 엄동설한에 먼 길 가실나믄 얼매나 추우시겄소
하며 빨간 엑스란 메리야스 든 검은 비닐봉지를 건네고는

고맙지라 고맙지라 여간 고맙지라
되뇌며 눈물을 흘리던 중

사연을 아는 사람 없어 멀뚱멀뚱 서로들 보고만 있는데

다비목(茶毘木) 준비하던 시님이
시상 뜰 제 빚이 있으면 안 되느니 야그하십디다

지 압씨도 이 시상 빚이 있음 안 됭께 하면서
오동나무 관을 스사로 마련했지라
하고는 꺼이꺼이 울었다

청주 한 씨 약전

기미년 두 해 지나 손돌이바람 불던 날
장흥의 청주 한 씨 집에 여자 아기가 태어났다
엄마 아버지 따라간 산기슭 밭이랑의
미루나무에 말뚝처럼 매어놓은 줄을 늘이며
묵정밭 잡풀처럼 자랐다
쑥과 냉이 캐다 찔레 순 먹고 천관산에서 고사리 꺾으며
꽃띠 시절 한 입 덜자고 이웃 마을 이 씨에게 시집갔다
아들 둘 낳아 이러저러 살더니
징용으로 하늘이 무너졌다
붉은 찔레꽃 자발머리없이 수군거리고
쑥국새 꺼이꺼이 울어대던 날이었다
뒤란의 댓잎 서걱거림에 선잠을 깨고
찔레 냄새 살그머니 사립문만 건드려도
방문을 열어젖히기를 부지기수
큰아이 걸리고 작은아이 업고 오일장 따라
갯것 팔고 푸성귀 팔아도 입에 풀칠은 언감생심
무너진 하늘엔 별도 달도 가뭇없어

함지박 이고 근동 도시까지 행상을 나다녀도 매한가지

무심한 찔레꽃 하릴없이 피고 지기 수십 번
쑥국새가 온 산을 흔들어도
까치 소리는 그친 지 이미 오래

이 씨는 종무소식 생사조차 알 길 없다

명집(明集)

몇 살일까 가늠이 안 되지만
밝을 명(明) 모을 집(集) 자 뚜렷하다
사진으로도 본 적 없는 아버지
키가 장대만 한 데다 수염이 텁수룩하고
말술을 즐겨서인지 목소리까지 걸걸하다

밝은 길 걸으면서 알뜰히 모아 부엉이곳간 마련하라고
아버지의 아버지가 지어주신 이름 명집
목수의 솜씨로 반닫이 만들고 반지빠른 자투리에
한 획 한 획 손수 새겼다

딸 여섯에 고명아들 호적에 올리고
양지바른 곳에 터 다지고 기와 얹어 한댁도 장만했다
북두칠성 같은 자식들
화마로부터 지켜달라고 도철문 도래함지에 물을 가득 담아
봉당 귀퉁이에 놓아두었다
앞길을 빌며 연등 닮은 대봉 수북이 매달 감나무와

쭉쭉 뻗은 탄탄대로 걸으라고 대나무를 심었다
알토란 같은 아이들 추석에 토란국 토란송편 먹이려고
장독대 옆에 토란도 심었다
나쁜 기운 못 들어오도록 탱자나무 울타리도 만들었다

뻐꾸기 소쩍새 노래 들으며 논떼기 밭떼기도 늘렸다

찰감 같은 손주 증손주 들의 밤길도
껄껄껄 웃으며 대낮같이 밝혀주고 있다

시계꽃

애년 고개를 훌쩍 넘은 날
회사의 고장 난 엘리베이터에 다리를 다쳐
안방에 들어앉는 바람에
나날의 수리가 필요해진 시계꽃

비바람이 부는 날에도
일어나는 때 잠자리에 드는 때
출퇴근 시간은
단 일 초도 어김이 없었다
밥상머리에 늦으면 안 되고
세금이나 아이들 등록금도
단 하루 늦는 법이 없었다
식구들 생일이나 기념일도 빠짐없이 챙기고
어른들 제사나 친척들 애경사도 잊지 않았다
모임이나 약속은 눈보라가 몰아쳐도
해 뜨고 지는 것만큼 정확한 시계꽃

만화방창 웃음꽃 만발하는 날을 꿈꾸며

시계 수리를 배웠지만

안방 시계포의 고객은 딸랑 아들딸이 전부였다

그마저도 돈 한 푼 안 되는

헐렁한 시곗줄 줄여주기나 배터리 갈아주기가 고작

얼룩얼룩 검버섯 핀 수리 공구가

앉은뱅이책상에서 시들던 소서(小暑) 지나

시계꽃은 7시 17분에 맥없이 떨어졌다

마당 깊은 꽃집 안주인

그녀의 칠십 평생은 안개꽃이었다

출근하는 장미를 도드라지는 빨강으로 빛내고
학교 가는 튤립을 오색 구슬같이 꾸며주고
오도카니 집에 남은 백합의 향기를
팔랑팔랑 흰나비처럼 날아다니게 만들었다
뾰로통해진 카네이션에게는 햇살 한 아름 안겼다
시들시들 처진 프리지어에겐
손뼉 응원을 하고 살며시 등허리를 받쳐주었다
백로 지나고 쌀쌀한 기운에 해쓱해진 국화를
앙상한 두 팔로 힘껏 보듬어주었다

마당 깊은 꽃집에
일기예보에도 없던 폭풍우가 들이닥친 날
겁에 질린 꽃들 앞에서 그녀는
퍼스트 펭귄이 되어 오리무중 속으로 뛰어들었다

출근길 장미는 여름날 모래알만큼 반짝였고

등굣길 튤립은 무지개같이 영롱해졌다

백합 향기는 작은멋쟁이나비처럼 온 동네를 누볐으며

카네이션은 볼우물이 파이도록 웃었다

프리지어는 감로수를 들이켠 듯 발랄해졌고

혈기 되찾은 자주색 국화는

추석빔이라도 입은 양 의기양양해졌다

산호 반지

새벽마다 장독대에 정화수 한 사발 올려놓고
육 남매네 무병과 안녕을 빌던 엄마
풍을 맞아 오빠네 집으로 들어가던 날
붉은 산호가 잡귀를 물리쳐준다며
반지를 하나 사달라고 했다

언니는 백일홍 닮은 브로치를
나는 강낭콩만 한 알이 박힌 반지를 사드렸다
오빠는 마당 한켠에
붉은 열매 잔뜩 열라고 산수유나무를 심었다

산호 반지는 건넌방 엄마의 왼손 약지에서
자식들 궂은 날 물러가고 웃날 들라고

새벽달 아래에선 만(卍) 자 새긴
아침 이슬 찰랑거리는 승로반(承露盤)이 되고
칠월 칠석에는 칠성당을 지었다
상달엔 붉은 팥 고명이 푸짐한 고사떡 안치고

동짓날엔 새알심 동동 뜬 팥죽을 쑤었다
마을 어귀 오색 헝겊 펄럭이는 당산나무였고
오리 한 마리 올라앉은 솟대가 되었다
진산 오르는 길섶의 돌탑이었고 당집이었다

해거리도 없는 산수유나무는
아들딸부터 증손주까지 골고루 나눠줄
산호 반지를 꽃자리마다 끼고 있다

화살기도

도래솔같이 둘러싼 자손들 속에서
엄마는 연신 입을 달싹거린다

손주가 깁스를 한 날도
아들이 쉿소리를 내며 기침하던 날도
며느리 안색이 편치 않던 날도
엄마는 성호를 그었다

소방차 소리에 뒤뚱뒤뚱대던 걸음을 멈추었고
교통사고 났다는 텔레비전 뉴스에도
엄마는 수저를 내려놓고 아멘을 찾았다

시장 입구에서 노점상 하는 말동무가
이승을 떠났다는 얘기엔 조용히 두 손을 모았다

글을 모른다는 끌탕에
화살기도를 알려드렸더니
오나가나 자식들 기도를 하시더라고

엄마에게 대세를 주신 수녀님이 말씀하셨다

자손들이 드리는 임종경을 실은 배가
은하수를 건너는 동안에도
엄마의 입술은 출렁출렁한다

하얀 목련

까치 울음에 한껏 수수러진 나
감은 머리 동백기름 발라 비다듬고
새물내 나는 옷으로 갈아입은 후
꽃무늬 앞치마 두른다

각색 전 부치고 삼색 나물 무치고
소고기 산적에 참조기 쪄서 웃고명 얹고
탕국 끓이느라 총총걸음 친다

열두 폭 병풍 먼지 털어 아랫목에 펼쳐놓는다
백자 제기함에서
수(壽) 복(福) 강(康) 녕(寧) 새긴
접시 보시기 종지 대접 주발 잔을 꺼내
홍동백서 좌포우혜 따져가며 진설한다

현비유인 문화 유 씨 신위
엄마 신주 모시고
양편에 촛불 켜고

향로며 퇴주기도 자리 잡아준다
한옆으로 성줏상도 구색 맞춰 차리고
창문을 활짝 연다

동산 위의 두견새 축문 읽듯 울어대고
담장 밖으로 고개 내민 하얀 목련이
엄마 오시는 길을 비춘다

보살할미

아기 돗자리에
더덕 울타리콩 호박잎 꽃상추 꽈리고추 늘어놓은 채
품 넓게 웃고 있다

꽃 찾아다니는 나비의 날개를 추스르라고
양어깨를 들썩이며 무동을 태워주고
아들 취직 걱정으로 미륵불 찾는 엄마의
손을 잡으며 위로해준다
큰손자며느리 아기 돼지 품는 꿈을 꾸게 해달라고
산신각에 치성 드리러 가는 노파에게
쉬어 가라고 옆자리를 내어준다
아픈 아버지 위해 연등 달러 가는 딸에게
부처님의 가피가 가득하리라는 덕담을 얹어주고
알록달록 등산복 차림에 콧노래 부르는 여자들의
무사한 하루 산행도 빌어준다

선승들 마주치면 성불하시라는 기원도 보탠다

엄정용 씨

박꽃처럼 해사한 얼굴로 시누이 넷과 번갈아 눈을 맞추며
육십갑자 넘느라 엉킨 시집살이 타래를 서리서리 풀다가
여우볕처럼 상긋이 웃기도 하는

진명여고 나온 아흔두 살 우리 큰올케

아버지 어머니와 육 남매네 식구에 촌수 먼 친척들까지
두루두루 불러모아 푸지게 치른 명절이
꽃시절이었단다

함께 이 얘기 저 얘기 나눈 오늘이
사람을 쬔 날이라며 꽃시절 명절처럼 웃는다

엄정용 씨의 호기심

애들은 자주 보우?
멀리 있고 바쁘니까 가물에 콩 나듯 봐요
어디 사는데?
순천에 있어요
왜 그리 멀리 있어 서울로 좀 오지
지방에 있어야 한 푼이라도 더 벌 수 있대요

작은애는?
길음동 살아요
내가 첫 둥지를 튼 동네네
정말 그러네요
그 애는 뭐 하는데?
대학교 나가요 며느리도요

그럼 우리 고모네 애들
끼니 걱정은 없는 거네

구순을 훌쩍 넘긴 용면댁 맏며느리

큰 시름 덜었다는 듯
해바라기 한 송이 활짝 피워낸다

마(馬) 노인 강을 건너다

앙버티며 끌려오는 등허리에는
빈 종이 상자가 바리바리 쌓여 있다
미끄러질 듯 허정거리는 다리를 보듬듯이
후줄근히 젖은 바지가 착 달라붙었다
바람이 불 때마다
한때는 가라말 갈기 같았을 머리카락에서
땀인지 빗물인지 물방울이 후두두둑 떨어진다
해녀의 숨비소리처럼 가쁜 숨을 몰아쉬며
노인은 정확하게 강의 반을 건너고
적군처럼 기세 좋게 쳐들어오던 좌회전 차들도 멈췄다

장대비 퍼붓는 날 함박눈 오는 날
햇볕 쨍쨍한 날 용숫바람 부는 날에
노인은 내공으로 보폭과 속도를 맞췄을 게다

육모방망이처럼 단단했을 팔뚝이 떨리든 말든
한 치나 내려앉아 짓눌린 어깨가 욱신거리든 말든

추적추적 비가 내리는 범계 사거리

경수대로 강을 미처 다 건너기 전에
신호등 불이 바뀌어 직진 차들이 떼지어 달려들까
조바심치며 마 노인은 한 발 한 발 쉼 없이 나아간다

할미새한테서 전화가 왔다*

저희 아버님은요

흰쌀과 보리쌀 씻는 소리를 알아차리셨답니다
사랑이 오백 년은 아파야
노래가 함박눈처럼 쏟아지는 법인데
하얀 쌀밥에 소고깃국으로 배가 부르니
한 소절도 안 나온다고 걱정이 크셨습니다
버스 타고 황간이용원에 가실 때마다
애면글면 농사짓는 박운식 시인의 안부를 챙기셨고요
뒷산 단청도 못 입힌 절의 양말 없는 여승의
낡은 털신을 안쓰러워하셨습니다

함박눈이 빈 뜨락에 한 자나 쌓이는데
백운사 선한 종소리가 가난한 마을로
맨발로 자박자박 내려오고 있네요

망백을 훌쩍 넘겨 비알밭 일구시던 아버님의 마지막 소원은

"당신을 사랑합니다"라는
황홀한 말을 들어보는 일이었습니다

아버님이 별이 되신 지 꼭 한 달
오늘 밤 북극성 옆에 새 별이 보이면
손나팔을 만들어 목청껏 불러보겠습니다

* 박희선, 『할미새한테서 전화가 왔다』, 시와에세이, 2021.

섣달 그믐날

작달막한 노인과 당나귀가 한 몸이 된 채
보도블록에서 뒤집힌 딱정벌레처럼 버둥거린다

엘리베이터 사고로 다리를 다친 아버지 같아
장바구니를 내려놓고 다가가니
안심이 되는지 노인의 입초리가 올라간다

당나귀와 노인을 함께 일으켜 세우려면
천하장사라도 불러야 할 판
낑낑대며 바퀴 밑의 다리를 빼내려는데
유모차 끌던 아기 엄마가 다가와서 거들고
휴대폰을 보던 청년도 성큼성큼 걸어와
온 힘을 보탠다
보도블록에서 서성이던
비둘기들도 걱정스러운지 기웃기웃한다
고마워요 고마워요
노인과 당나귀가 웅얼웅얼 입속말을 한다

페달에 발을 올리려던 노인이 휘청거린다
저쪽 의자에 앉아서 숨 좀 돌리고 가세요
말 잘 듣는 아이처럼 노인은
고맙습니다 고맙습니다 인사한 후
당나귀를 끌고 허정대며 발걸음을 떼기 시작한다

단풍놀이

단풍 든 할머니들 등장에
전철역 공원이 부산해진다
해찰하던 개구쟁이 바람 몰려와
팡파르 속에 뿌리는 종이 꽃가루 같은 낙엽을 날리고
단풍나무들은 짝짝짝 박수를 친다
참새 떼의 환영 노래에
경로당 텔레비전으로 단풍 구경하던
할머니들 첫 소풍 나온 꼬마처럼 마냥 들뜬다

단풍나무 조각그늘에
비닐꽃자리를 깔고 둘러앉는다
손자 녀석 소풍 덕에 차지가 된 김밥과
삶은 계란에 찐 고구마가 나오고
따끈한 보리차에 구수한 커피까지 보태니
대갓집 잔치마당이 안 부럽다

고수레로 던진 김밥 한 덩이
주위를 맴돌던 비둘기 차지가 되고

궁금해진 고추잠자리도 다가와 기웃거린다

샘물처럼 솟는 애기꽃과
까르르 터지는 할머니들의 웃음보에
단풍나무 우듬지의 까치가 화답을 한다

제3부

거룻배처럼 요동치면서도 꿋꿋했다

미나리꽝

데리고 들어온 두 생인손
다북쑥처럼 쑥쑥 자라나라고
된장찌개에 보리밥을 먹여주었다

돌이 갓 지난 판곤이 동생
재경골 도라지밭에 묻은 날
울 수도 없는 그녀를
친정엄마처럼 보듬어주었다

생인손 둘 남기고
징용 간 첫 남편 꿈에서 웃은 날도
울 밑의 봉선화 같은 그녀의 손을 잡아주었다

징용 보상금 안 나눠준다며
작은 생인손이 농약을 마신 날도
그녀와 함께 울어주었다

매미의 절차탁마

매미가 장터 노래자랑에 나갔단다
신중하게 고상한 노래로 골라 악보대로
집중 또 집중해서 불렀는데
쪽박만 찼다며 툴툴거린다

직박구리는 샤우팅 창법이라며 쇳소리를 질러대는 통에
장터가 떠나가는 줄 알았는데
최우수상을 거머쥐고는 야지랑스레 으스댔다지
휘파람새는 간드러지기만 일등이었는데 우수상을 받았다고
자청 앙코르로 휘리리 휘이리리 휘파람을 날렸단다
모기는 소리도 들릴 듯 말 듯해
노랜지 타령인지 구분이 안 갔는데 장려상을 차지하고는
앵앵거리는 축하 비행으로 염장을 질렀단다
까마귀는 초상집 곡비처럼 꺼억 꺽꺽 하다가 땡 치는 바람에
한바탕 웃음바다를 만들어 인기상을 타고도 거들먹거렸

다며

  매미는 공든 탑이 무너졌다는 볼멘소리 끝에
  후일을 도모한다고
  목청껏 용을 쓰며 악악 아가각거린다

작다리 목도장

목도장이 지천이라는 엄마의 지청구
아무리 산더미면 뭐 하나
입학원서에 남의 것을 찍을 순 없는데
오빠들은 대학교까지 보내주면서

북극성 같은 도장을 처음 가져보는 친구들은
흥타령하며 어른이라도 된 듯
교과서마다 꾹꾹 찍어댄다

서리 맞은 풀잎처럼 돌아온 집에서
작다리 목도장이 손을 흔든다

오빠 언니가 둘씩이나 되면서
중학교도 못 보내겠느냐며
큰오빠가 굴러다니는 도장을 잘라낸 뒤
샌드페이퍼로 문지르고 내 이름을 새겼단다

생애 첫 도장

비뚤어진 획 없이 쭉쭉 뻗어나간 것이
당장이라도 중학교로 직행할 기세다

조막손이 제비꽃

꽃바람 부는 삼진날
자수정 반지 물고 오마 하더니
드디어 왔네

황사 속 꽃대궁 올리며 발돋움해도
이팝꽃 때죽꽃 웃는 봄이 끝나도록
올 기미가 없었네

꾀꼬리 우는 단오
견우직녀 만나는 칠석
무더위 이기고 억수장마 버텨도
보이지 않았네
색바람에 휘파람 불고
먼지잼으로 칼칼한 목을 축이며 맞은
한가위에도 연가는 들리지 않았네

강남으로 떠난다는 구진날 지나
꾀꼬리단풍 자랑하던 나무들 막새바람에

겨우살이 준비로 이파리 떨궈도
발그림자조차 없었네

반지 약속 실오리 되도록 매달렸더니
된바람 눈보라 뚫고 날아왔네

흔들의자

회오리바람에 옆자리 팔걸이의자가 날아가고
용오름에 윗자리의 회전의자가 뒤집히고
천둥과 지둥에 꼭대기 안락의자마저 풍비박산한
수상한 시절이었다
공무원 교사 언론인 회사원 노동자 들의 의자가
암초에 부딪쳐 산산조각이 난 날
풍랑 앞의 거룻배처럼 요동치면서도 흔들의자는 꿋꿋했다

흔들거리는 세상
혼자만 안 흔들리려 애쓸수록 크게 다치는 법이라 했다
바람을 즐기고 파도를 탈 줄 알아서
마른번개를 안고 마른박살을 막을 줄 알아서
용골같이 한평생 지켜줄 수 있다고 호언장담했다

명지바람 불 때 흔들의자는
노랑나비 목말 태운 듯 끄떡없다며 팔랑거렸다
매지구름 아래 소슬바람이 불자 시려오는 무릎을 달랬다
허리를 들쑤시며 황소바람이 드나들어도

흔들흔들 꺾이지 않는 갈대를 떠올리며 맞섰다
작달비 퍼붓고 손돌이바람 불어제쳐도
식은땀 뒤발하며 온몸으로 앙버텨야 했다
흔들의자는 집안의 칠원성군이며 마니보주(摩尼寶珠)이므로

동상이몽

아빠 차라리 과자나 사주세요

여섯 살 먹은 막내가 한마디 불쑥 던졌다

매주 오백 원짜리 두 장씩이면
콩나물 한 봉지 두부 한 모
아이들 키가 오뉴월 뙤약볕 아래 오이처럼 크련만

아내도 슬쩍 거들었다

일요일마다 꽃구름이 뜬구름으로 바뀌어도
텔레비전의 숫자 호명에 집중하는
말단 공무원의 근엄한 도돌이표

가시칠엽수의 겨우살이

뙤약볕 무성하던 날 말매미의 응원가가 그립다
잎사귀의 소란을 토닥여주던 실바람도 아스라하다
몽니쟁이 직박구리의 헤살질마저 그녀는 삼삼하다

풀 죽은 저녁 햇살이 스치기만 해도
나비잠(䎝) 꽂았던 꽃자리
콕콕 쑤셔와 등허리를 비튼다
먹장구름 덮인 하늘이 쥐뼘만큼 낮아지면
어깻죽지까지 욱신욱신해진다
장난꾸러기 고추바람이 목말을 타면
잎사귀 떨어낸 자리가 쓰라리고
아람 벌도록 열매 매달고 있던 가지는
신열에 후끈후끈하다

하릇비둘기가 도란거리며 다가오면
꽃눈이 바스러질까 손사래를 친다
강대나무가 되지 않을까 두려울 때마다
그녀는 온몸으로 맞받으며 옹골차게 버틴다

까투리 찾기

까투리의 기상 노래에 잠이 깬 날
설거지하며 창밖 재강굴산 등성이를 살핀다
연분홍 진달래에 벌들이 날아들 뿐
까치발을 들어도 기린 목으로 둘러보아도
까투리는 그림자조차 없다

아롱이다롱이 육 남매 숨은그림찾기 하며
더 빨리 더 많이 찾겠다고 이마받이할 때마다
등잔 밑이 더 어두운 법이니
고개를 들고 살짝 떨어져서 찾아보라고 엄마는 말했지

한글을 모르고 평생 무명옷만 입던 엄마
쌀값 걱정 등록금 걱정 버스비 걱정에
꽃놀이 한 번 못 가고
이승잠에 빠졌던 엄마의 생일이 다가오네

엄마 말대로 크게 숨을 쉬고 산등성이의 움직임을 보는 순간

화관을 쓴 진달래 아래 강아지풀과 바랭이가 들썩거리고
보호색 옷을 입은 까투리의 종종걸음 뒤따르는
뒤뚱뒤뚱 육추 육 남매가 노닥노닥 재미지다

고 씨의 평미레

실개천이 끝나는 곳의 쌀집 주인은
고무줄 자[尺]라는 소문이 자자했어요

평미레를 끝까지 미는 말질에
어쩜 쌀 한 톨까지 깎아버리냐 항변하면
추수 마친 논바닥처럼 밀 뿐이라 대꾸했지요

그래도 손주를 데리고 사는 옴팡집 할머니나
거스러미 같은 아들과 사는 강진댁이
되쌀을 사러 오면
머슴밥처럼 담았고요

도래솔에서 소탱소탱 소쩍새 울던 날
흥부 자식처럼 누더기 차림인
산마루 기찻집 오누이에겐
따끈한 밥을 내주고 너끈하게 덤까지 주었지요

하루는 말쌀을 사러 온

파란 철대문집 아주머니가
다른 이들에겐 후하면서
내게만 야박하냐고 따졌다지요

고 씨의 대답
요즘 세상에 아이들이
배고픈 설움은 없어야 하잖아요

채송화
— 수진

수진
네
잘못 들었나
아니요 분명히 들었어요
저도요

초등학교 입학 마지막 운동장 수업에
터진 수진의 대답을
내 아이 일처럼 엄마들이 다행스러워한다
며칠째 수진을 데리고 다닌 할머니도
햇살이 가득한 얼굴로
연신 허리를 굽히며 선생님께 인사한다

선생님이 큰소리로 말씀하신다
우리 친구 수진이 드디어 씩씩하게 대답을 했어요
칭찬박수를 마음껏 쳐줍시다

교단 옆 홍매화가 짝짝짝 박수를 치니

호기심에 기웃대던 참새들이
통통통 뛰며 박자를 맞춘다
아이들도 신이 나서
발을 구르며 박수를 친다
지나가던 새털구름도 발길을 멈추고
하늘하늘거리며 박수를 친다

수진이 고맙다는 듯 부끄럽다는 듯
고개를 살짝 숙이며 채송화처럼 웃는다

피사리

키보드를 두드려 자음과 모음을 섞어
두 포기 세 포기 네 포기 줄과 열을 맞추어 모를 심으면
못비에 쥐뼘만큼 들바람에 집뼘만큼 자랄 줄 알았다
노랑나비와 흰나비 찾아올 때마다 이삭이 달릴 줄 알았다
종달새 노래에 탱글탱글 이삭은 영글리라
감이 익어갈 무렵 풍년가를 부를 수 있으리라

바람이 불 때마다 벼 사이사이
피들이 숨바꼭질하듯 고개를 내밀었다 숙였다 한다
벼와 피, 주객이 바뀌면 어쩌나
할머니 흰 머리 뽑아드리듯 남김없이 뽑아낸다
얼굴을 내밀다가 숨으며 약 올리는 두더지를 때려잡듯
피를 골라내고 들어내고 잡아낸다

온종일 일비를 맞으며 **뽀바낸** 자리
뭉게구름 아래 부는 실바람에 땀 식히며
뉘 고르듯 **골나낸** 자리
고개 내민 피는 재미지다는 듯 샐샐거린다

백로가 헤집고 다닌 사이에서 **드러낸** 자리
저지레하는 참새와 홍타령 주고받으며 **자바낸** 자리
피는 의기양양하다

그대로 주저앉을 수 없는 나는 벼를 지켜내고자
뙤약볕 아래 양 소매를 걷어 올린 채
오타를 뽑아낸다

팽목(彭木)

진도 팽목 새잎은 그 봄 유난스레 반짝거렸다
인천을 출발한 배가 진도 앞바다에서 침몰해
팽목항에서 그리고 당집에서 날마다
수학여행 가던 아이들 위한 다시래기를 하고 씻김굿을 했다

엄마처럼 보살피고 아버지같이 지켜주겠다며
귀 쫑긋 세우고 목 늘여 하루하루 기다린다는 제주 팽목에게
촛불로 소식을 전해주었다

삼백네 명의 대상(大祥)이 지나도록
아홉 아이는 아직도 엄마 품을 못 찾았다는데

열매가 홍갈색으로 익고 잎이 물들어갈 무렵
서울 한복판에서 불꽃을 피운다는 기별을 받고
진도 팽목은 말만 듣던 광화문 광장에 왔다
바람 맞고 눈 맞아 잎 떨어진 빈 가지마다

굴건제복 같은 구명조끼 걸치고
겨울 바다처럼 찬 바닥에 누웠다
노란 리본 가슴에 꽂은 붉은 조끼 아래
지방(紙榜) 삼아 삼백네 명의 이름을 노랗게 적어 넣었다

촛불 든 사람 하나 요령잡이처럼 앞소리를 메기니
광장에 가득한 사람들이 받아넘겼다

최현배

동학농민혁명의 해에 태어난 외솔
한글이 목숨이라는 일념으로
잠꼬대마저 일본말로 강요받던 시절을 참아냈지요

말은 겨레의 정신이요 생명이라는 소신이 『한글』을 창간하고
우리말 사전을 만들자고 조선어학회 회원들과 의기투합했지요

흥업구락부 사건으로 수감되었다가
친일 전향의 유혹을 뿌리쳐서 출감 후 학교에서 쫓겨났지만
『우리말본』 저술을 계속하고 『한글갈』을 펴냈지요

조선어학회 사건으로 다시 검거된 외솔
지필묵의 차입도 서적 반입도 봉쇄된 함흥형무소 생활을
외로움과 잃은 나라 생각과 젊은이에게 공부를 권하는
시조를 지어

머릿속에 간직한 채 견뎌냈지요

한글로 나라의 힘을 기르자는 이르심을 들은 나는
이윤재 한징의 옥사 소식에도
백설이 만건곤한 시절을 청청한 낙락장송으로 버틴
외솔의 결기를 다시 새깁니다

8호실의 항거*

세 평 남짓한 서대문 감옥 8호실에선
스물 넘는 여자들이 다리가 부을까
온종일 어깨를 겯고 소용돌이치듯 돈다
속살거림이 한숨이 되고 술렁임으로 자라다가도
복도에서 들리는 신발 소리에 일제히 멈칫하는 게
와글대다 인기척에 숨죽이는 개구리 같다

수원 기생 향화의 아리랑 선창을 유관순과
이화학당 애라와 다방 종업원 옥이가 함께하고
만삭인 임신부 임명애도 목소리를 보탠다
너 때문에 남편과 자식을 잃었다며 원망하던
만석 엄마마저 멋쩍은 듯 따라 부르면
옆방 사람들의 떼창으로
서대문 거리가 흔들흔들한다

손과 발이 묶였던 벽장의 날들을 견딘
유관순의 만세가 마중물이 되어
길가의 사람들에게 나비물처럼 번진다

전차 안까지 밀려들어
종로를 거쳐 청량리에 이른다

거리거리 만세 함성이 눈 속 매화처럼 만발했다

* 영화 〈항거 : 유관순 이야기〉를 모티프로 씀.

제4부

개나리꽃 위에서 춤추는 노랑나비

시꽃

병목지대에서 붉은 신호등에 걸렸을까
꽃대 올라올 낌새가 없던 군자란

하지 훌쩍 지나니
피란길 갈치잠 자던 남의 집 문간방에서 태어난
나처럼 비좁은 틈새에 끼어 해쓱한 얼굴을 내민다

설날 정동진 앞바다 물들이는 햇덩이같이
감질나게 정수리만 보여주던 군자란

발짝을 떼는 것도 입을 떼는 것도 늦되고
숫기마저 없어 남 앞에 나서는 것을
달빛도 별빛도 숨어 먹과녁 같은 초행길 가듯
두려워하는 나와 닮았다

적(籍)

쪽지를 펼치자
겨울잠에서 깨어난 개구리처럼 튀어나온 글자

적(籍)!

하굣길에 마주치자 우연히 어깨를 부딪친 듯
굽실거리며 웃던 그가
몰래 가방에 쪽지를 집어넣은 것이다

옥편을 찾아보니
서적, 문서, 호적, 등록부를 뜻하는 적 자(字)란다
이게 무슨 말이람?
궁리를 해보아도 의중을 헤아리기엔 깜깜절벽

구세주 삼아 도움을 청한 오빠
갸우뚱거리다가 무릎을 탁 치더니
너 연애편지 받은 거야

콩 튀듯 팥 튀듯 팔딱거리는 나에게 일러준다

대나무(竹) 아래로 올래(耒)? 이십일(卄一) 일(日)에

이런 웃기는 놈을 다 봤나
내가 대나무 아래로 나가기만 하면
제 호적에 오를 일이 생기려나
대숲 아래 비둘기집을 짓고
논밭 쟁기질하며 함께 알콩달콩 살아갈 수 있으려나

주희(周熙)

삼천갑자 동방삭만큼 살기를 바랐던 영희(永熙)를
병원 문턱도 못 넘어보고 잃은 아버지는
탱크가 지나고 폭격기 날아다니는 중 얻은 나에게
주나라 주(周)에 밝을 희(熙)를 썼지

피난살이 중 태어난 용띠 딸에게
한학을 하던 아버지 소견으론
으뜸가는 나라에서 가장 성했다는 시절처럼
환한 날만 이어가라는 바람이어선지
주나라 문왕의 영대(靈臺) 이야기를 했다
개근상으로 『맹자』를 받아온 중학교 졸업식 날은
처음으로 내게 칭찬하며
맹자와 양혜왕 이야기도 들려줬다

영희에게 약 한 첩 못 먹인 아버지는
젖감질 앓은 애염한 딸에게
두 몫의 화양연화를 비는 마음이었을까
퇴근길에는 늘

잡귀를 물리친다는 수수팥떡과 함께했고
내가 아픈 날은 어김없이
동방삭이 훔쳐 먹었다는 복숭아를 푸짐하게 사 왔다

내가 험산 앞에서 머무적댈 때
엎질러진 물 앞에서 동동거릴 때마다
아버지의 처방은 영유와 벽옹에
암사슴 수사슴이 쉬고 악어 가죽 북소리 종소리 가득한
『시경』의 「영대」 이야기이었다

경선(暻瑄)

네 아버지가 이름을 지어달라고 했지
첫 손주가 출세해서 잘살기를 바라는 마음에
도리옥 선(瑄) 자가 떠올랐어
도리옥은 당상관만 달 수 있는 망건 옥관자
좋아하는 일 하면서 인정받았으면 하는 소망과
안성맞춤인 글자이지
높은 산일수록 주춤주춤하지 말고
맑은 물 하얀 구름 보며 올라야 할 것 같아
밝을 경(暻) 자를 살포시 얹었다

네가 시험을 잘 보았다고
한자 급수시험을 통과했다고
수학경시대회 입상을 했다고
학교와 성당 행사에서
단상에 올라 바이올린 독주를 했다고
자랑할 때 이름 덕분이라고 흐뭇했다

동네 공부방 수학 봉사가 재미있다고 할 때

내가 틀린 말을 해도 타박하지 않고
그럴 수 있다고 다독여줄 때
네가 큰 바위 얼굴처럼 보였단다

고등학생이 된 경선아
먼 길 다릿심 길러
새소리 듣고 산들바람 쐬고
밝은 하늘 보며 걸어가려무나

강현(綱炫)

물고기를 쥐여주기보다
잡는 법을 가르쳐주라는 말이 있지
그물에 고기가 가득 차도
야무지게 마무리하지 못하면 소용없으니
그물 위쪽 코를 꿰는 줄이라는 벼리 강(綱) 자를 골랐단다
벼리는 일이나 글자의 뼈대인 줄거리라는 말도 되니
어디서나 네가 중심인물이 되는 꿈을 꾸며
먼바다까지 밝혀주는 등대가 되면 얼마나 좋을까
빛낼 현(炫) 자를 보탰지

뒷심을 발휘해 단축마라톤 완주했을 때
어린이 축구단에서 구슬땀을 흘리다 골을 넣었을 때
삼천 코 그물보다 으뜸인 벼리가
네게 안성맞춤이라며 쾌재를 불렀단다

글 설고 말 선 나라에서 학교 다니며
앞가림하기도 어려울 텐데
엄마 아빠 심부름에

동생들 보듬으며 이끌던 네가
시 쓰는 내게 윤동주 정지용 시비 사진을 보내주고
기침한다고 걱정해주는 네가
외딴섬의 등대로구나

바람 불고 파도쳐도 흔들리지 말고
벼리를 당기며 뭇사람들의 이정표가 되려무나

삼신할멈바위 앞에서

너를 품었던 시절 황장갓 아름드리가 부러웠단다

파르라니 새 가지 밀어 올려
참새 혀 같은 잎을 틔우리라
빳빳하게 다릿심을 길러
나는 땅속 깊숙이 지경을 넓혀갈 테니
너는 햇볕 먹고 봄바람 마시며
하늘을 향해 뻗어 오르려무나

매지구름을 겁내지 마라
주룩주룩 내리는 비는 감로수가 되리니
큰바람에 가지가 휘청거려도
흰불나방이 성해도 두려워 마라
천둥 번개도 문제없다 한순간에 지나가리니
한 사발 정화수로 모자라면 삼신할멈께 빌어주마
벼락도끼 구해 부적 삼아 채워주고
살살이꽃 피살이꽃 뼈살이꽃 숨살이꽃 얻어다

기어이 너를 지키리라

해돋이에서 해넘이까지 가시지 않는
나의 금강심(金剛心)이면
너는 울울총총한 멋쟁이 황장목(黃腸木)이 되리라

개나리미장원 원장

아가씨 머리로 해드릴까요?
마님 머리로 해드릴까요?
아니면 갈래머리? 말총머리?

밤새 한 이불을 덮고 잔 원장이
꼬마 손님 앞에 경대를 놓으며 영업을 시작한다

개나리꽃 위에서 춤추는 노랑나비 머리로 해주세요

노랑 원피스 입고 봄 소풍 가던 언니가
팔랑거리는 노랑나비 같았다며 나는 주문한다

여섯 살 더 먹은 원장이
나의 눈썹 한가운데 빗을 대어보고
머리 위로 넘겨 오솔길 같은 뒷가르마를 탄다
가지런히 비다듬어 땋아내려 노랑 리본을 매어준 후
요리 보고 조리 보며 눈을 찡끗한 원장은
손거울로 뒷머리까지 확인한 나의

엄지 척에 흐뭇해져 고개를 끄떡인다

개나리꽃 활짝 핀 날 봄 소풍 가는 노랑나비처럼
나풀거리는 갈래머리 따라 원장도 어깨를 으쓱으쓱한다

쑥순이전

복더위를 쫓느라 쪽마루에서 부채질하던 엄마가
혼자 살림에 고단했던지 깜빡 졸았대요
그새 사달이 난 겁니다
엄마 무릎 베고 잠든 아기가 뒤척이다 떨어져
봉당에 피워놓은 쑥대 모깃불을 짚었다지요
자지러지는 울음에 황급히 안아보니
오른손 세 손가락에서 한 마디씩 떨어져나갔대요

엄마는 제발 아프지만 말라며
쑥설기 찌고 쑥전 부쳐주고 쑥경단도 빚고
쑥국 쑥차도 끓여주었대요
쑥 자만 들어도 팔짝팔짝 뛰며 박수를 쳐서
쑥순이가 되었다지요
쑥국쑥국 쑥국새가 울어도 동무처럼 반겼다 하고요

그 손으로 쑥순이는 사생대회 상도 독차지했대요
학교 대신 다닌 공장에선 미싱자수 뜨개질 솜씨도 최고

였다지요

　이불 가게를 할 땐 손수 솜을 틀어 이불을 꾸몄는데
　새색시용 원앙금침은 근동에 소문이 자자했어요
　우리 큰애가 재수 끝에 대학시험에 붙자
　명의가 될 친정 장조카가 대견하다며
　통 크게 식구 수대로 이불 일습을 가져왔지요

　팔 남매 큰며느리 자리 시집살이를 암팡지게 견디며
　시동생 시누이 혼사도 거뜬히 치렀고요
　종심을 바라보는 쑥순이는 며느리 하나에 사위 둘을 얻어
　손주를 헤아리려면 열 손가락이 몽땅 필요합니다

상강 이후

굴타리먹은 청둥호박이 얼마나 달큼하면
벌레들 오글오글 달려들겠나

애오이 같던 꽃띠 시절엔
칠팔십에도 살아 계시는 분이 가장 존경스럽다는
말이 의아했는데

물색 빠지고 굴타리먹어 무릎이 시큰댄들 어떤가
꽃 지고 벌 나비 끊긴 듯 적막강산이면 좀 어떤가
주글주글해진 손등에
무당벌레처럼 점박이무늬 가득하면 또 어떤가

장마당 같은 홍성거림이 잦아든 고흥 바다
수평선 위 기러기들 어우러짐 유유자적하네
물기 머금어 비릿한 바람 아래 조개구름 마냥 여유롭고
물색 빠진 순비기나무 이파리 팔랑댐도 여전하더군

보랏빛 숨비소리 날리던 꽃 떨어낸 자리에

검붉은 열매 다글다글하니
손자들 북적거리는 명절처럼 풍요롭더군

칡꽃 잔칫날

그녀와 두 아들이었던 그의 묘비 뒷면은
며느리와 손자 손녀 들까지
오롯하게 열이 채워졌다

그 묘비 쓰다듬으며 마냥 뿌듯해하던 그녀가
새로 올린 이름을 차례차례 부르자
새 식구들이 자기 소개를 하고 두 번씩 절을 한다

쪽빛 하늘엔 뭉게구름 뭉클하고
상제나비 탑돌이하듯 봉분 주위를 뱅뱅거리며 돈다
산마루 도열하듯 늘어선 도래솔에선
뻐꾸기가 장마당 소리꾼처럼 뻐꾹뻐꾹 노래하고
달큼한 바람이 불어오는 산등성이에서
보랏빛 칡꽃 무리 지어 반갑다는 듯 손짓한다

큰손자의 만수산 드렁칡 얘기에
자손만대 이어가라는 뜻이라고 그녀가 일러준다
병든 아버지에게 갈화탕(葛花湯)을 바쳤다는

과천 효자 최사립 이야기를 들은 아이들이
서로 경쟁하듯 칡꽃을 따 와
할아버지 이젠 아프지 마시라며
묘비 앞 화병에 그득그득하게 꽂는다

11월 15일

꾀꼬리단풍으로 온 산이 설레는 날
사모관대 차림의 돌이와
오봉족두리에 원삼 입은 순이는
나무기러기 앞에서 합환주를 마셨네
하늘 같은 돌이와 땅 같은 순이는
지게와 지겟작대기처럼 살자 했네

자드락에서 돌을 고르고
흙을 돋워 씨를 뿌리자 했네
비를 불러 싹을 틔우고
산바람 데려와 꽃을 피우며
햇살 끌어다 알곡을 살찌워가며
부엉이살림을 차리자 했네

먹장구름이 태풍을 몰고 와
하늘 같은 지게가 쓰러진다면
구절초 달여 먹인다 했네
땅이 꺼질세라 한숨에 뿌리가 들썩거리면

지겟작대기는 사로잠에서마저
하늘이 무너져도 솟아날 구멍이 있다는
말을 새길 거라 했네

꽁무니바람 업은 까치가 까악까악 노래 부르니
새털구름도 합창하듯 웃어주었네

효부

자식들 사교육에 올인하기
취직시키고 장가보내기
손주들 키워주고
각종 학원 정보 수집에 실어 나르기
반찬 배달에 생활비 보태주기

효도하는 부모의 기본 덕목이란다

재력도 지력도 체력도 보잘것없는 나는
언감생심 포기했는데
시인이 되어서 아이들 어깨에 별을 달아주었다

지하철 스크린에 내 시 「여」가 올랐을 때
아랫사람들에게 우리 엄마 시라고 으쓱했다며
작은애가 세 군데서 찍은 사진을 보내왔다
큰애도 질세라 사방팔방 자랑을 했단다

내 첫 시집으로 사람들에게 인사를 받느라 바빴다는

작은애의 말에

큰애는 직장의 제일 높은 분에게 받았다며

잔칫상만큼 푸짐한 고기와 과일 하사품을 내놓는다

담판한(擔板漢)*

창밖 흘러가는 구름 벗 삼아 한나절 보내며
알 속에서 버둥거리다 껍질을 깨고 나온 나
시인이라는 판이 깜냥에 버거워
고개 돌려 한눈팔 수 없고 주저앉아 쉬지 못하는 채
자갈밭 감탕밭 허우적허우적 지나면서
어리석다 고지식하다 핀잔을 들어도

작달비 속에서 동산만 한 폐지 리어카 끌며
허위허위 경수대로 건너던 홀몸 노인
마(馬) 노인의 우비가 되어줄
감기몸살로 식은땀 흘리며 단칸방에서
물만밥에 한술 뜨는 마 노인과
다진 쇠고기 넣고 끓인 흰죽 함께 먹으며 말동무해줄
바윗덩어리 같은 폐지 리어카에 무릎 병이 도진
마 노인이 땀 식히며 다리쉼을 할 솔개그늘이 되어줄

시 한 편 건지는 날까지

별을 따는 마음으로 걸어가리라

* 담판한 : 『벽암록』 제16칙 「경청초리한(鏡淸草裏漢)」에 나오는 인물.

조전손전

머리와 몸통과 꼬리의 비율은 얼마로 그리나
앞발은 얼마나 들어야 하는지
꼬리의 길이와 굵기는 어떻게 할까
끝은 살짝 올려야 하나 늘어뜨려야 하나
검정색을 덧칠할지 말지 고민이다
입은 함지박만 하게 할까 찻숟갈만 하게 할까
눈은 깜장 바둑알처럼 그릴까 초승달처럼 그릴까
미술학원 근처도 못 가본 솜씨로
손자같이 귀여운 공룡을 그리려
이마엔 땀이 송골송골
색연필 쥔 손엔 꽈악 힘이 들어간다

할아버지 할머니 공룡에 아빠 엄마 공룡
아기 공룡은 형제가 마땅할지
쌍둥이가 마땅할지 골똘한데
손자는 쥬라기공원에라도 온 듯 감탄사 연발이다

와아아 티라노사우루스 짱!

할머니 짱!

| 작품 해설 |

노동의 언어를 통한, 공동체를 위한 돌봄의 시학

김윤정

1.

 이주희의 두 번째 시집『고 씨의 평미레』에서 접할 수 있는 가장 대표적인 이미지는 풍요로움이다. 풍성한 음식과 서로 덕을 나누는 사람들, 자연의 조화와 우주의 생동, 그리고 언어가 풍요로움의 이미지를 만들어낸다. 이 모든 것들이 어우러져서 시인의 시는 융숭한 잔치를 치르는 듯한 느낌을 준다. 그의 언어들은 판소리의 장단처럼 흥겹고 춤사위처럼 우아하며 성대한 향연처럼 넉넉하다. 그의 시는 감각의 다채로운 음악을 울리며 그것을 통해 거대한 울타리를 만들어간다. 그 울안에는 그의 가족과 이웃이 있고 과거와 현재, 미래가 있으며 산 자와 죽은 자, 그리고 온갖 사물과 기억들이 존재한다.
 이 모두를 보듬고 감싸 안으며 이들 사이를 종과 횡으로 가로지르는 시인은 그러한 일들을 기쁨인 동시에 노동으로서 행한다. 그것은 그의 시가 단순히 사물에 대한 관조 혹은 읊조림으로서가 아니라 행동이자 실천으로 이루어짐을 의미한다. 그는 그의 시적 세계 안에 들일 수 있는 사물들을 따뜻하게 품은 채 이들이 생명의 기운으로 충만할 수 있도록 온 힘을 기울인다. 『벽암록』에 등장하는 인물 '담판한'에 투영시켜 자신의 시적 자의식을 드러내고 있는 시인은 그의 시가 누군가의 "땀을 식힐 수 있는/한 뼘 솔개그늘"이 되고자 함을 밝히고 있다. 「시인의 말」에서 "전경인"으로, 「담판한」에서 "마(馬) 노인"으로 언급되고 있는 이 '누군가'는 시인을 둘러싼 공동체의 구성원들이다. 여기엔 세월호의 희생자들과 민족에 헌신했던 독립운동가들도 포함된다. 이들은 모두 삶을 '등짐'처럼 짊어지고 살아갔던, 그리고 살아가는 존재들이다. 시집 전체에서 시인이 응시하는 지점이 바로 여기이다. 시인은 무심히 지나치지 않고 이들에게 그가 공들여 길어 올린 언어의 세례를 부여한다.

이로써 그의 언어는 그저 아름다운 것으로서가 아니라 염원을 담은 힘의 그것이 된다. 시인은 광부가 광산에서 금을 캐내듯이 언어를 발굴해 그것에 그의 소망을 함축시키고는 마치 의식을 거행하듯 그가 사랑하는 존재들을 소환한다. 시인은 그가 만드는 언어의 뜰 안에서 그가 품는 모든 존재들이 평화와 안식을 구할 수 있기를 바란다. 이러한 시인의 열망은 현실적이고 실제적이다. 나아가 구복적(求福的)이기도

하다. 이는 시인의 시 세계가 물질적이면서도 정신적임을, 그의 존재를 향한 사랑이 매우 근원적임을 의미한다. 또한 이것은 그의 시적 실천이 지니는 강도를 가늠케 하는 동시에 그의 시에 대한 독법을 언어를 매개로 한 시인의 노동의 성과에 주목하게 한다.

    1
    내가 볼살을 씹은 날
    엄마는 돼지고기 반 근과 콩나물을 사 왔다

    쌀을 안치고
    돼지고기는 쑹덩쑹덩 배추김치는 쏭당쏭당 썰어 올리고
    콩나물도 얹었다
    뜸이 드는 냄새가 노랑나비처럼 집안을 팔랑거리는 동안
    엄마는 비손을 보태 양념장을 만들었다

    식구들이 둘러앉은 두레반
    아버지보다 먼저 받은 콩나물밥에 양념장을 끼얹고
    혼자만 받은 계란에 애드벌룬처럼 한껏 수수러진 나는
    술적심 없는 한술 밥도 푼푼했고
    스리는 말 잘 듣는 아이처럼 수굿해질 것 같았다

    2
    의사의 경고성 당부를 새기며
    새가 모이 먹듯 점심을 때웠지만

> 텔레비전에 정신을 뺏긴 탓일까
> 볼살을 암팡지게 깨물었다
>
> 오늘 저녁은 스리 동티 방지용 엄마의 명약
> 돼지고기콩나물밥이다
> ―「콩나물밥」 전문

유년시절의 가족 이야기를 담고 있는 위 시는 시인의 시세계가 놓여 있는 지평을 분명하게 보여준다. 시인의 시세계에 비치는 샤머니즘적 의식은 그의 어머니로부터 자연스럽게 전승되어왔을 것이라는 사실을 위 시를 통해 짐작할 수 있다. 시인의 구복적 사유는 위 시의 경우 음식이라는 물질을 매개로 한 "비손"의 행위로 구현된다. 그것은 일상에 내재되어 있던 우리의 전통적인 생활 방식이기도 하다. 이 점에서 시적 화자가 "볼살을 씹"어 입안에 "스리"가 생기자 "엄마"가 "아버지보다도 먼저" "나"에게 음식을 먹이는 일은 단순한 식사 행위가 아니라 일종의 의식(儀式)이라 할 수 있다. "돼지고기콩나물밥"은 비원(悲願)의 관념성에 물질성을 더하는 매개이다. 위 시는 "쌀을 안치"는 일부터 "돼지고기는 쑹덩쑹덩 배추김치는 쏭당쏭당" 하며 신바람 나게 또 정성껏 요리하는 과정을 묘사하고 있거니와, 여기에는 음식으로 병을 치료하고 나아가 횡액을 막겠다는 오랜 관념이 놓여 있다. 위 시에서 "돼지고기콩나물밥"을 "엄마의 명약"이면서 "스리 동티 방지용"이라 하는 것도 이 때문이다.

어린 시절에 겪었을 이러한 경험은 시인에겐 아주 당연하고 합리적인 것이라고 여겨졌을 것이다. 위의 어린 화자에게 "엄마"의 주술이 섞인 음식은 그래서인지 더욱 흥겨움으로 다가온다. "스리는 말 잘 듣는 아이처럼 수굿해질 것 같았다"는 진술은 아이가 지니고 있던 이러한 '의식'에 대한 믿음을 나타낸다. 요컨대 위 시의 화자에게 "엄마"는 엄마일 뿐 아니라 의사이자 샤먼이었고, "엄마"가 해주는 밥은 음식일 뿐 아니라 "약"이자 제의의 도구에 해당되었다.

어릴 때 형성되었을 이러한 믿음은 이후 시인의 시세계에 크게 영향을 미쳤을 법하며, 시인은 결국 시가 음식과 동렬에 놓이는 것으로 인식하는 데 이르렀을 것이다. 즉 시는 엄마의 음식과 마찬가지로 그것을 대하는 이에게 '뼈가 되고 살이 되는' 물질적인 것이자 그들을 보호해주는 주술적인 것에 속하는 것이라는 점이다. 단, 엄마가 음식을 지으며 "비손을 보태"었듯 시를 지으며 간구와 염원을 함축시킨다면 그러하다.

> 우리가 도란거린 날 당신은
> 알콩달콩한 콩 음료 건네고
> 티격태격한 날엔 초코 맛 쌍쌍바 꺼내주며
> 어깨동무하자고 다독였지요.
> 내가 개밥바라기 보며 퇴근하면
> 밥알 뜬 식혜로 방울땀을 식혀주고

출장 마치고 돌아오면
냉막걸리에 두부와 묵은지 곁들여 주안상 차려
합환주처럼 들이켜자 했지요

내가 팔을 다쳐 깁스하고 들어온 날
깍두기 곁들여 사골 국물 내놓고
가뭄더위에 수양버들처럼 늘어져 있으면
솔바람 같은 물 한잔 권했지요

살갑기는 평양 나막신인 당신
고기 채소 과일 떡 인심 쓰는 화수분 같은 당신

―「냉장고」 전문

  위 시에서도 음식은 매우 중요한 의미를 띤다. 위의 시 거의 전체를 차지하고 있는 소재인 음식은 지친 "나"를 위로해주면서 "당신"과 "나"의 관계를 화해롭고 풍요롭게 이어주는 매개로 기능한다. 음식의 이러한 작용은 "살갑기는 평양 나막신" 같은 그의 성격을 초월하여 이루어진다. 성격이 무뚝뚝한데도 "고기 채소 과일 떡"을 통해 "화수분 같은" "인심"을 내어 "나"를 위로하고 안식케 해주었다면 위 시의 "당신"은 앞의 「콩나물밥」에서의 "엄마"와 같은 존재라 할 수 있지 않을까. 실제로 화자는 "당신"이 건네는 "식혜", "냉막걸리" 등의 "음료"며 "사골 국물" 같은 음식이 "나"를 "다독이"고 "솔바람 같은" 휴식을 주며 "수양버들처럼 늘어져 있"는 기운을 힘껏 추슬러주는 에너지와도 같은 것이라 여기고 있다.

시집의 시편들 가운데 음식이 이 같은 의미로 형상화되어 있는 경우는 위 시 외에도 「복만두」, 「수박」, 「말복 아침」, 「소문난 호두과자」 등이 있다. 이들 시에서 시인은 음식이야말로 사람을 힘 나게 하고 그가 놓인 상황까지도 바꾸어주는 기이한 매개체임을 시사한다. 위 시에서 음식은 "당신"과의 관계에서 제외할 수 없는 것으로서, "당신"이 내주는 음식은 "나"와 "당신"의 상황을 언제나 부드러울 수 있도록 항상화시켜주는 힘을 지닌다. 위 시에서 묘사하고 있는 생활 속 여러 일화들은 음식이 화자의 삶을 지탱해주는 중요 역할을 행함을 보여준다.

음식에서 이러한 의미를 얻게 된 것은 작은 일도 마음으로 대하는 화자의 일관된 삶의 태도가 있었기에 가능하다. 화자는 "당신"과의 관계에서 사소한 것에도 깃들어 있는 "인심"을 놓치지 않으려 하는 것이다. 위 시의 화자가 보이는 이러한 자세는 시인에게 세계가 객관화된 대상으로서 존재하는 것이라기보다 스스로 주체가 되어 그 속으로 적극 참여해야 하는 터전으로 인식된다는 사실을 말해준다. 시인은 피동적인 존재로 세계에 던져져 있는 자가 아니라 주인이 되어 세계를 가꾸고 만들어가는 주체에 속한다. 즉 시인은 마음의 주체이자 인식의 주관자로서 세계에 내재되어 있는 '마음'을 인식해내는 능동적 행위자인 것이다. 따라서 시인은 세계를 대면하되 이를 피상적으로 관조하는 대신 세계의 내부를 직관해내며 그것을 계기로 세계와의 관계를 조화롭게 이끌어가고자 하는 실천가에 해당한다고 할 수 있다.

    성당집 할머니는 일요일마다 식구들과 설빔 차림으로 나서며
    천당도 함께 가자고 이웃에게 손을 내밀었다
    소아마비로 다리를 저는 같은 반 친구 동춘이네는 차관집이었다
    일하는 할머니가 가끔 귀뚜라밋국을 끓인다며 난처해하는
    그 애 엄마를 겸손하고 착하다며 모두 칭찬했다
    소꿉장난할 땐 은행집에서 집집이 선물한
    코끼리 저금통에 동전밥을 먹이며 놀았다
    인심의 화수분인 텔레비전집은 교수집이었는데
    이은관이 배뱅이굿을 하는 날에는 밤늦도록 대문을 열어놓았다

    …(중략)…
    맨 아래 병원집이 있었는데
    한밤중에도 왕진을 오는 의사의 웃음은 약사여래를 닮았다

    북한산 줄기를 이고 있는 동굴집은 여름엔 시원하고 겨울엔 따뜻했다
    눈비에도 끄떡없고 그네도 매여 있어 나는 무시로 드나

들었다
　　순옥이 동생이 내가 타는 그네에 부딪혀 넘어졌을 때
　　그 엄마는 되레 자기 아들을 나무랐다

　　곗돈을 타먹은 계원이 도망가자
　　계주였던 세탁소집 아줌마가 시름시름 앓다 죽었다
　　악다구니 대신
　　마을 어른들은 남은 식구의 반찬을 만들어 나르고
　　아이들은 그 집 꼬마와 놀아주었다

　　나의 알천 돈암동 417번지
　　오르막 삼거리 가장 꼭대기 우리 집은
　　둥구나무 아래 평상처럼 늘 복작복작했다
　　　　　　　　　　　　　　—「나의 알천 돈암동」 부분

　화자의 어릴 적 마을에 대한 정보를 다루고 있는 위 시에는 단지 마을 풍경이나 이웃 주민의 구성에 대한 이야기만 담겨 있지 않다. 또한 위 시는 단순히 화자의 이웃에 대한 정과 사랑, 지난 시절에 대한 정겹고도 아름다웠던 추억 등속을 전하는 데 그치고 있지 않다. 위 시를 통해 알 수 있는 보다 중요한 것은 화자가 기억하는 이웃들의 마음 씀씀이에 관한 것이다. "알천 돈암동"은 특별히 고유명사로 언급할 만한 마을의 특질을 지니고 있었던 것이다. 누구랄 것 없이 공통적으로 지니고 있던 이웃에 대한 배려와 따뜻함의 마음이 그

것이다. 마치 약속이나 한 듯 보여주었던 일치된 마음들은 화자의 공동체에 대한 인식을 형성하는 기반으로 작용하였을 터이다. 자신의 유년의 터전에 대해 애정을 다하여 "나의" 그것이라 명명한 것도 그 때문이다. 요컨대 "나의 알천 돈암동"이 아름답게 기억되는 것은 지나간 시간이라는 인식의 거리 때문이 아니라 그곳에서 살던 사람들의 삶의 태도로 인한 것이라 할 수 있다.

따라서 화자가 떠올리는 마음 따뜻했던 이웃들의 모습은 아주 구체적이고 선명하다. "일요일마다" "설빔 차림"으로 단장을 하고 "이웃에게" "천당도 함께 가자고" 했던 "성당집 할머니"는 화자에게 나눔의 의식이 있던 마음 고운 이로 기억된다. "차관집" 안주인은 거만하고 고지식할 법도 한데 이웃들이 "겸손하고 착하다며 모두 칭찬"할 정도로 좋은 인격을 지녔던 인물로 묘사된다. "교수집"은 "인심의 화수분"으로 집집마다 TV가 없던 시절 "이은관이 배뱅이굿을 하는 날에는 밤늦도록 대문을 열어놓"는 넉넉한 인정을 보여주었던 이웃이다. 마을의 "병원집" "의사"는 "한밤중에도 왕진을" 다닐 정도로 친절하여 "약사여래를 닮"은 "웃음"을 지닌 사람이었다. 마을에 "세탁소집"이 어려움을 겪었을 때엔 마을 전체가 "반찬을 만들어 나르고" "그 집 꼬마와 놀아줄" 정도로 죽은 "아줌마"의 식구들을 챙기며 마음을 써주었다.

마을 사람들의 이러한 모습은 그들의 속 깊은 실천에서 비롯된 것으로서 직업이나 지위와 상관없이 이루어진 것들이다. 이웃에 대한 화자의 기억은 소위 가진 자들이었음에도 왜곡되지 않고 반듯했던 그들의 마음 자세를 향해 있다. 이웃의 이러한 삶의 태도는 화자에게 공동체란 단지 공간을 함께하는 것이 아니라 그 안에서 경험을 공유하고 마음을 나누는 것이라는 관점을 갖게 하였을 것이다. 즉 공동체는 집집을 가르는 벽을 걷어내고 서로에게 관심을 기울이고 마음을 써줄 때 이름할 만하다. 위 시의 화자가 "우리 집"을 떠올리며 "둥구나무 아래 평상처럼 늘 복작복작했다"고 기억하는 것도 이와 관련된다.

> 실개천이 끝나는 곳의 쌀집 주인은
> 고무줄 자[尺]라는 소문이 자자했어요
>
> 평미레를 끝까지 미는 말질에
> 어쩜 쌀 한 톨까지 깎아버리냐 항변하면
> 추수 마친 논바닥처럼 밀 뿐이라 대꾸했지요
>
> 그래도 손주를 데리고 사는 옴팡집 할머니나
> 거스러미 같은 아들과 사는 강진댁이
> 되쌀을 사러 오면
> 머슴밥처럼 담았고요
>
> 도래솔에서 소탱소탱 소쩍새 울던 날
> 흥부 자식처럼 누더기 차림인

산마루 기찻집 오누이에겐
따끈한 밥을 내주고 너끈하게 덤까지 주었지요

하루는 말쌀을 사러 온
파란 철대문집 아주머니가
다른 이들에겐 후하면서
내게만 야박하냐고 따졌다지요

고 씨의 대답
요즘 세상에 아이들이
배고픈 설움은 없어야 하잖아요
　　　　　　　　　　―「고 씨의 평미레」 전문

　우리의 고유어로서 곡식을 담은 말이나 되 위를 평평하게 밀어 고르는 기구를 일컫는 '평미레'는 단순한 생활 도구이지만, "고 씨"의 성격과 성품을 잘 드러내준다는 점에서 흥미롭다. "쌀집 주인"인 "고 씨"는 평소 까칠할 정도로 정확한 성격을 지니고 있어 '평미레'를 오차 없이 미는 사람으로 알려져 있다. 그러나 그는 잘 사는 사람한텐 "평미레"질을 그렇게 에누리 없이 해도 어렵게 사는 사람한텐 어김없이 넉넉한 인정을 보여주는 인물이기도 하다. "손주를 데리고 사는 옴팡집 할머니", "거스러미 같은 아들과 사는 강진댁", "누더기 차림인/산마루 기찻집 오누이" 등이 그들이다. "고 씨"의 이러한 양면성은 인색한 대우를 받는 사람들한테 불만을 일으키곤

하였으나 이에 대해 그는 자신의 속 깊은 마음을 내비칠 뿐이다. "내게만 야박하냐고 따"져 묻는 "철대문집 아주머니"에게 그는 직언하듯 "요즘 세상에 아이들이/배고픈 설움은 없어야 하잖아요" 하는 것이다. "고 씨"의 이러한 마음 씀은 이웃의 아픔을 함께 나누려 하는 작은 실천가의 모습을 보여준다.

"고 씨"의 행위에는 시인이 전달하고자 하는 삶의 철학이 고스란히 담겨 있다. 소외된 채 힘겹게 살아가는 이웃이야말로 우리가 보살펴야 하는 존재들이라는 관점이 여기에 있다. 이것은 아주 당연한 소리일 수 있겠지만 이를 실천으로 행하는 것과 그렇지 않은 것엔 큰 차이가 있다. 이 같은 보편 철학이 생활 속 행동으로 이어질 수 있기 위해서는 의식적인 노력이 요구되는 것이다. 대부분의 사람들은 그저 개인의 이익에만 몰두한 채 살아가기 때문이다. '고 씨의 평미레'는 시인이 강조하는 철학을 구체적인 실천으로 보여주는 대표적인 사례에 해당하거니와, 이를 고려할 때 위 시가 이번 시집의 표제시가 된 것은 지극히 자연스럽다 하겠다. 시인에게 이웃과 인간에 대한 사랑의 마음은 공허한 관념이 아니라 습관적일 만큼의 일상 속 행동으로 구현되는 성질의 것에 속하는 것이다.

> 진도 팽목 새잎은 그 봄 유난스레 반짝거렸다
> 인천을 출발한 배가 진도 앞바다에서 침몰해

팽목항에서 그리고 당집에서 날마다
수학여행 가던 아이들 위한 다시래기를 하고 씻김굿을 했다

엄마처럼 보살피고 아버지같이 지켜주겠다며
귀 쫑긋 세우고 목 늘여 하루하루 기다린다는 제주 팽목에게
촛불로 소식을 전해주었다

삼백네 명의 대상(大祥)이 지나도록
아홉 아이는 아직도 엄마 품을 못 찾았다는데

열매가 홍갈색으로 익고 잎이 물들어갈 무렵
서울 한복판에서 불꽃을 피운다는 기별을 받고
진도 팽목은 말만 듣던 광화문 광장에 왔다
바람 맞고 눈 맞아 잎 떨어진 빈 가지마다
굴건제복 같은 구명조끼 걸치고
겨울 바다처럼 찬 바닥에 누웠다
노란 리본 가슴에 꽂은 붉은 조끼 아래
지방(紙榜) 삼아 삼백네 명의 이름을 노랗게 적어 넣었다

촛불 든 사람 하나 요령잡이처럼 앞소리를 메기니
광장에 가득한 사람들이 받아넘겼다
—「팽목(彭木)」 전문

위 시는 2014년에 일어났던 세월호 사건을 다루고 있다. 인천항에서 제주로의 항해 도중 진도군 조도면 근처 해상에서 세월호가 침몰하여 수학여행을 가던 아이들을 포함하여 304명의 희생자가 발생했다. 그 후 한동안 팽목항에선 매일 의례가 있었고 팽목항 이외의 여러 지역에서도 희생자들을 위한 제사와 굿, 촛불 행사가 이루어졌던 것은 잘 알려진 사실이다. 지금도 이들을 추모하는 상징적 장소가 된 팽목항에선 정기적으로 추모 의식이 열리고 있다. 아이러니한 것은 위 시의 제목으로도 쓰이고 있는 '팽나무'는 전통적으로 마을 어귀에 심어져 당산나무의 역할을 해왔다는 점이다. 팽목항 역시 부근에 커다란 팽나무가 있어 붙은 이름이라 할 만큼 '팽목'은 경상도 전라도 여러 지역에서 옛 지명으로 기록되어 있다.

'팽나무'가 마을의 수호목 개념이 된 데엔 그늘이 넓고 오래 살았기 때문이라 한다. '팽나무'는 마을 사람들에게 휴식과 위안을 주며 마을 공동체의 중심 장소로서의 상징목으로 기능했던 것이다. 이런 사실들을 떠올리다 보면 팽목항을 거점으로 희생자들을 추모하는 것이 사고 발생지의 인접 항구라는 지리적인 이유 이상의 의미를 띠는 것으로도 보인다. 위 시는 이에 주목하여 '팽목'을 중심으로 한 제의적 모티프들을 형상화하고 있다. 예컨대 '팽목'이 "서울 한복판에서 불꽃을 피운다는 기별을 받고" 손수 "광화문 광장에 와"서 "바람 맞고 눈 맞아 잎 떨어진 빈 가지마다/굴건제복 같은 구명

조끼 걸치고" 광화문 거리의 "찬 바닥에 누웠다"는 진술은 촛불 시위와 제의 행위를 결합시키며 '팽목'을 제의의 주체로 제시하는 대목이다.

이는 당시 팽목항에서 시작된 추모의 마음이 촛불 시위로 이어져 정국을 변화시켰던 상황을 환기시킨다. "붉은 조끼 아래" "지방 삼아 삼백네 명의 이름을 노랗게 적"은 "리본 가슴에 꽂"고 "겨울 바다처럼 찬 바닥에 누"운 나무로 묘사되는 '팽목'은 희생자들에 대한 애도의 마음을 나타낼 뿐만 아니라 수호목으로서 '팽목'이 감당해야 했던 역할을 상징한다. 화자의 시선에 의하면 광화문에서 있었던 촛불 행사는 군중들에 의해 이루어졌던 제의 행위에 다름 아니었던 것이다.

위 시에서 세월호 사고로 희생된 아이들에 대한 안타까움의 마음을 제의와 연관시켜 다루고 있는 것은 시인이 지니고 있는 이웃에 대한 사랑의 깊이를 말해준다. 위 시에 제시되어 있는 사태에 관한 제의적 형상화는 제의가 단순한 형식적 의례가 아니라 죽은 영혼을 위로하는 실질적 행위라는 인식을 담고 있다. 이러한 관점은 시인에게 분명하게 각인되어 있는 것이기에, 시인은 '팽목'에게서 죽은 아이들을 "엄마처럼 보살피고 아버지같이 지켜주겠다"는 음성을 들을 수 있었다.

    너를 품었던 시절 황장갓 아름드리가 부러웠단다

파르라니 새 가지 밀어 올려
참새 혀 같은 잎을 틔우리라
빳빳하게 다릿심을 길러
나는 땅속 깊숙이 지경을 넓혀갈 테니
너는 햇볕 먹고 봄바람 마시며
하늘을 향해 뻗어 오르려무나

매지구름을 겁내지 마라
주룩주룩 내리는 비는 감로수가 되니
큰바람에 가지가 휘청거려도
흰불나방이 성해도 두려워 마라
천둥 번개도 문제없다 한순간에 지나가리니
한 사발 정화수로 모자라면 삼신할멈께 빌어주마
벼락도끼 구해 부적 삼아 채워주고
살살이꽃 피살이꽃 뼈살이꽃 숨살이꽃 얻어다
기어이 너를 지키리라

해돋이에서 해넘이까지 가시지 않는
나의 금강심(金剛心)이면
너는 울울총총한 멋쟁이 황장목(黃腸木)이 되리라
　　　　　　　　　　　—「삼신할멈바위 앞에서」 전문

 위 시는 "황장목(黃腸木)"을 향한 '바위'의 지지와 응원의 마음이 강하게 느껴지는 내용의 시이다. 화자에게 "황장목"은 궁궐을 짓고 임금의 관(棺)을 만들 때 사용하던 쓰임만큼이나 귀하고 소중한 존재에 해당한다. "황장목"이 뿌리를 내리고 있는 '바위'인 화자에게 "황장목"은 보듬어주고 살펴주어야 할 자식과 같은 존재로 여겨지는 듯하다. 화자는 그러한 "황장목"을 향해 살면서 마주할 수 있는 두려움을 떨쳐내고 웅혼하고 커다란 기상을 지니며 성장할 것을 촉구하고 있다. 화자는 "매지구름"이나 "큰바람", "흰불나방", "천둥 번개" 등 염려가 되는 모든 것들은 일시적인 위협 요소가 될 수 있을지는 몰라도 모두 "한순간에 지나갈" 것들이니 "겁내지 말"고 한 순간순간을 잘 넘기라며 당부하고 있다. 이처럼 시에는 "황장목"에게 용기를 주려는 간절한 마음이 전해지고 있다.

한편 여기에서의 '바위'의 의지는 주술적 차원에까지 이르고 있음을 알 수 있다. 화자의 발원은 "삼신할멈"이라는 초월자를 겨냥하고 있기 때문이다. "한 사발 정화수로 모자라면 삼신할멈께 빌어주마"라는 화자의 마음에는 거듭되는 지극함이 느껴진다. 이는 "황장목"을 향한 화자의 마음 씀의 정도를 짐작하게 하는 대목이다. "살살이꽃 피살이꽃 뼈살이꽃 숨살이꽃 얻어다/기어이 너를 지키리라" 하는 진술에는 "황장목"을 위해 온 힘을 기울이겠노라는 화자의 다짐이 그대로 담겨 있다. 화자는 이러한 그의 마음의 일관됨과 견고함을 "해돋이에서 해넘이까지 가시지 않는" "금강심(金剛心)"이라 표현하고 있다. 화자는 "황장목"이 자신의 보살핌을 받고 "울울총총한 멋쟁이"가 되기를 염원하고 있다.

위 시에 나타난 '삼신할멈바위'의 마음은 실제로 자신이 아끼는 이들을 향한 시인의 마음을 대변하는 것일 터이다. 주변의 이웃들을 위하는 마음을 진실하게 기울이는 시인에게 "황장목"을 우러르며 그의 영화를 희구하는 '바위'의 마음은 마치 삼신할머니가 아기를 점지하면서 그가 온갖 복락을 누리기를 소망하는 마음과 다르지 않을 것이다. 그 마음은 완전한 순도의 "금강심"이라고도 할 수 있다. 이러한 사실들을 고려하면 시인이 발원의 매개로서 '삼신할멈바위'를 제시하고 있는 것은 우연이 아니다. 생명을 잉태시키고 부여하는 삼신할머니는 시인에게 단순한 상징이 아니라 생명성을 지지하는 가장 분명한 실체이기 때문이다. 말하자면 시인은 위 시를 통해 세상을 향한 자신의 사실로서의 애정과 사랑의 마음을 온전히 보여주고 있다.

>창밖 흘러가는 구름 벗 삼아 한나절 보내며
>알 속에서 버둥거리다 껍질을 깨고 나온 나
>시인이라는 판이 깜냥에 버거워
>고개 돌려 한눈팔 수 없고 주저앉아 쉬지 못하는 채
>자갈밭 감탕밭 허우적허우적 지나면서
>어리석다 고지식하다 핀잔을 들어도

>작달비 속에서 동산만 한 폐지 리어카 끌며
>허위허위 경수대로 건너던 홀몸 노인
>마(馬) 노인의 우비가 되어줄
>감기몸살로 식은땀 흘리며 단칸방에서

물만밥에 한술 뜨는 마 노인과
다진 쇠고기 넣고 끓인 흰죽 함께 먹으며 말동무해줄
바윗덩어리 같은 폐지 리어카에 무릎 병이 도진
마 노인이 땀 식히며 다리쉼을 할 솔개그늘이 되어줄

시 한 편 건지는 날까지
별을 따는 마음으로 걸어가리라

* 담판한 : 『벽암록』 제16칙 「경청초리한(鏡淸草裏漢)」에 나오는 인물.

―「담판한(擔板漢)」 전문

시인의 세상을 향해 보여주는 생명 가득한 사랑이 막연한 관념이 아니라는 것은 위 시에 등장하는 "마(馬) 노인"에 대한 화자의 살핌을 통해 확인할 수 있다. "마 노인"은 '폐지 줍는 노인'으로서 의지할 곳 없이 고단하게 노년을 보내고 있는 인물이다. "작달비 속에서 동산만 한 폐지 리어카 끌며" 지나가는 노인의 모습은 모두에게 안타까움을 불러일으키거니와 위 시의 화자는 이를 보면서 노인에게 이웃이 되어줄 수 있는 방법에 대해 궁리하고 있음을 알 수 있다. 비 오는 날의 "우비", 허기진 몸을 북돋우는 '음식들', 외로움을 달래줄 "말동무", 땀을 식힐 수 있는 "솔개그늘" 등은 화자가 "마 노인"과 연관해 제시된 위로의 매개체들이다. 그리고 화자는 그 끝에서 "시"를 떠올린다. 화자가 생각할 때 "시"는 "마 노인"에게 필요한 위안의 방편과 마찬가지로 이웃을 위한 따뜻한 위로의 마음을 담고 있어야 한다.

 "마 노인"에 대한 염려와 연민을 보여주고 있는 위 시가 시에 관한 화자의 자의식으로 이어지고 있는 것은 시인의 시세계가 지닌 의미를 뚜렷하게 말해주는 대목이다. "마 노인"이 극한의 삶을 살고 있는 인물을 가리키고 있다면 화자가 추구하는 시의 존재 근거 또한 이와 다르지 않다. 그의 시는 부유하고 풍요롭게 살아가는 사람들이 아닌 그 반대편에서 힘들고 빈한하게 살아가는 자들을 향해 있다. 그것은 예컨대 '고 씨의 평미레'처럼 가난한 자들을 위한 배려를 품고 있으며 안타깝게 죽어간 영혼들을 기리는 위로의 마음을 내포하고 있다. 그들이 지니는 슬픔과 아픔이 클수록 화자가 구하는 시의 마음도 함께 커져야 할 것이기에 그의 시는 신을 향한 '비손'을 포함하고 있으며 생명을 관장하는 초월자에까지 이르는 발원을 함축한다. 즉 화자가 지향하는 마음의 범위는 셈할 수 있는 경계를 넘어서 있는 것이다.

 "마 노인"에게 위안의 마음을 전하는 주체로서 '담판한(擔板漢)'을 내세우고 있는 위 시를 통해 보건대, 그렇다면 시인에게 소외된 이들을 보듬어줄 시는 어떻게 구현될 수 있을까? 위 시에서 '담판한'은 "알 속에서 버둥거리다 껍질을 깨고 나온" 자로서, "시인이라는 판이 깜냥에 버거워" "어리석다 고지식하다 핀잔을 들어도" 한 걸음 한 걸음 "걸어가"는 인물로 묘사되고 있거니와, 시인이 스스로에게 요구하는 바람직한 시인으로서의 모습은 내면 깊이에서부터 이웃을 위하는 마음을 품은 채 생활 속에서 이들을 위한 실천을 행하는 자이 자, 그의 시적 언어에 바로 이러한 발원의 마음을 새기는 주체에 해당한다.

  이렇게 만들어진 시야말로 시인이 「시인의 말」에서 동시에 언급했던 "솔개그늘"에 해당될 것이다. "솔개그늘"은 곧 지치듯 살아가는 이들에게 "땀 식히며 다리쉼을 할" 공간을 가리키는바, 이러한 시적 공간은 바란다고 저절로 얻어지는 것이 아니라 "시 한 편 건지는 날까지/별을 따는 마음으로 걸어갈" 때 실현되는 것이다. 지금까지 살펴본 시인의 시는 시인이 '걸어온' 시의 길을 통해 그 방법을 우리에게 보여준 셈이다. 여기엔 세계의 아픔을 함께 나누려는 그의 마음과 함께 그것을 실행하기 위해 시에서 시도했던 그토록 선명했던 시어의 발자국이 가로놓여 있다. 시인의 아름답고도 더할 나위 없이 적실했던 고유어들이야말로 시인의 실천으로서의 발품이 깃든 언어에 해당하는 것으로, 이러한 언어가 있기에 그의 시는 빈 관념이 아니라 삶의 노고로 인한 '땀을 식혀줄 수 있는' 노동의 시로 자리하게 될 것이다.

金玧政 | 문학평론가, 강릉원주대 교수

푸른사상 시선

1. 광장으로 가는 길 | 이은봉·맹문재 엮음
2. 오두막 황제 | 조재훈
3. 첫눈 아침 | 이은봉
4. 어쩌다가 도둑이 되었나요 | 이봉형
5. 귀뚜라미 생포 작전 | 정원도
6. 파랑도에 빠지다 | 심인숙
7. 지붕의 등뼈 | 박승민
8. 살찐 슬픔으로 돌아다니다 | 송유미
9. 나를 두고 왔다 | 신승우
10. 거룩한 그물 | 조항록
11. 어둠의 얼굴 | 김석환
12. 영화처럼 | 최희철
13. 나는 너를 닮고 | 이선형
14. 철새의 일인칭 | 서상규
15. 죽은 물푸레나무에 대한 기억 | 권진희
16. 봄에 덧나다 | 조혜영
17. 무인 등대에서 휘파람 | 심창만
18. 물결무늬 손뼈 화석 | 이종섶
19. 맨드라미 꽃눈 | 김화정
20. 그때 나는 학교에 있었다 | 박영희
21. 달함지 | 이종수
22. 수선집 근처 | 전다형
23. 족보 | 이한걸
24. 부평 4공단 여공 | 정세훈
25. 음표들의 집 | 최기순
26. 나는 지금 운전 중 | 윤석산
27. 카페, 가난한 비 | 박석준
28. 아내의 수사법 | 권혁소
29. 그리움에는 바퀴가 달려 있다 | 김광렬
30. 올랜도 간다 | 한혜영
31. 오래된 숯가마 | 홍성운
32. 엄마, 엄마들 | 성향숙
33. 기룬 어린 양들 | 맹문재
34. 반국 노래자랑 | 정춘근
35. 여우비 간다 | 정진경
36. 목련 미용실 | 이순주
37. 세상을 박음질하다 | 정연홍
38. 나는 지금 외출 중 | 문영규
39. 안녕, 딜레마 | 정운희
40. 미안하다 | 육봉수
41. 엄마의 연애 | 유희주
42. 외포리의 갈매기 | 강 민
43. 기차 아래 사랑법 | 박관서
44. 괜찮아 | 최은묵
45. 우리집에 왜 왔니? | 박미라
46. 달팽이 뿔 | 김준태
47. 세온도를 그리다 | 정선호
48. 너덜겅 편지 | 김 완
49. 찬란한 봄날 | 김유섭
50. 웃기는 짬뽕 | 신미균
51. 일인분이 일인분에게 | 김은정
52. 진외로 간다 | 김도수
53. 터무니 있다 | 오승철
54. 바람의 구문론 | 이종섶
55. 나는 나의 어머니가 되어 | 고현혜
56. 천만년이 내린다 | 유승도
57. 우포늪 | 손남숙
58. 봄들에서 | 정일남
59. 사람이나 꽃이나 | 채상근
60. 서리꽃은 왜 유리창에 피는가 | 임 윤
61. 마당 깊은 꽃집 | 이주희
62. 모래 마을에서 | 김광렬
63. 나는 소금쟁이다 | 조계숙
64. 역사를 외다 | 윤기묵
65. 돌의 연가 | 김석환
66. 숲 거울 | 차옥혜
67. 마네킹도 옷을 갈아입는다 | 정대호
68. 별자리 | 박경조
69. 눈물도 때로는 희망 | 조선남
70. 슬픈 레미콘 | 조 원
71. 여기 아닌 곳 | 조항록
72. 고래는 왜 강에서 죽었을까 | 제리안
73. 한생을 톡 토독 | 공혜경
74. 고갯길의 신화 | 김종상
75. 고개 숙인 모든 것 | 박노식
76. 너를 놓치다 | 정일관
77. 눈 뜨는 달력 | 김 선
78. 거꾸로 서서 생각합니다 | 송정섭

79	시절을 털다 ǀ 김금희	121	격렬한 대화 ǀ 강태승
80	발에 차이는 돌도 경전이다 ǀ 김윤현	122	시인은 무엇으로 사는가 ǀ 강세환
81	성규의 집 ǀ 정진남	123	연두는 모른다 ǀ 조규남
82	번함 공원에서 점을 보다 ǀ 정선호	124	시간의 색깔은 자신이 지향하는 빛깔로 간다 ǀ 박석준
83	내일은 무지개 ǀ 김광렬	125	뼈의 노래 ǀ 김기홍
84	빗방울 화석 ǀ 원종태	126	가끔은 길이 없어도 가야 할 때가 있다 ǀ 정대호
85	동백꽃 편지 ǀ 김종숙	127	중심은 비어 있었다 ǀ 조성웅
86	달의 알리바이 ǀ 김춘남	128	꽃나무가 중얼거렸다 ǀ 신준수
87	사랑할 게 딱 하나만 있어라 ǀ 김형미	129	헬리패드에 서서 ǀ 김용아
88	건너가는 시간 ǀ 김황흠	130	유랑하는 달팽이 ǀ 이기현
89	호박꽃 엄마 ǀ 유순예	131	수제비 먹으러 가자는 말 ǀ 이명윤
90	아버지의 귀 ǀ 박원희	132	단풍 콩잎 가족 ǀ 이 철
91	금왕을 찾아가며 ǀ 전병호	133	먼 길을 돌아왔네 ǀ 서숙희
92	그대도 내겐 바람이다 ǀ 임미리	134	새의 식사 ǀ 김옥숙
93	불가능을 검색한다 ǀ 이인호	135	사북 골목에서 ǀ 맹문재
94	너를 사랑하는 힘 ǀ 안효희	136	왜 네가 아니면 전부가 아닌지 ǀ 정운희
95	늦게나마 고마웠습니다 ǀ 이은래	137	멸종위기종 ǀ 원종태
96	버릴까 ǀ 홍성운	138	프엉꽃이 데려온 여름 ǀ 박경자
97	사막의 사랑 ǀ 강계순	139	물소의 춤 ǀ 강현숙
98	베트남, 내가 두고 온 나라 ǀ 김태수	140	목포, 예말이요 ǀ 최기종
99	다시 첫사랑을 노래하다 ǀ 신동원	141	식물성 구체시 ǀ 고 원
100	즐거운 광장 ǀ 백무산·맹문재 엮음	142	꼬치 아파 ǀ 윤임수
101	피어라 모든 시낭 ǀ 김자훈	143	아득한 집 ǀ 김정원
102	염소와 꽃잎 ǀ 유진택	144	여기가 막장이다 ǀ 정연수
103	소란이 환하다 ǀ 유희주	145	곡선을 기르다 ǀ 오새미
104	생리대 사회학 ǀ 안준철	146	사랑이 가끔 나를 애인이라고 부른다 ǀ 서화성
105	동태 ǀ 박상화	147	더글러스 퍼 널빤지에게 ǀ 백수인
106	새벽에 깨어 ǀ 여국현	148	나는 누구의 바깥에 서 있는 걸까 ǀ 박은주
107	씨앗의 노래 ǀ 차옥혜	149	풀이라서 다행이다 ǀ 한영희
108	한 잎 ǀ 권정수	150	가슴을 재다 ǀ 박설희
109	촛불을 든 아들에게 ǀ 김창규	151	나무에 기대다 ǀ 안준철
110	얼굴, 잘 모르겠네 ǀ 이복자	152	속삭거려도 다 알아 ǀ 유순예
111	너도꽃나무 ǀ 김미선	153	중딩들 ǀ 이봉환
112	공중에 갇히다 ǀ 김덕근	154	수평은 동무가 참 많다 ǀ 김정원
113	새점을 치는 저녁 ǀ 주영국	155	황금 언덕의 시 ǀ 김은정
114	노을의 시 ǀ 권서각	156	고요한 세계 ǀ 유국환
115	가로수의 수학 시간 ǀ 오새미	157	마스카라 지운 초승달 ǀ 권위상
116	염소가 아니어서 다행이야 ǀ 성향숙	158	수궁가 한 대목처럼 ǀ 장우원
117	마지막 버스에서 ǀ 허윤설	159	목련 그늘 ǀ 조용환
118	장생포에서 ǀ 황주경	160	그대라면, 무슨 부탁부터 하겠는가 ǀ 박경조
119	흰 말채나무의 시간 ǀ 최기순	161	동행 ǀ 박시교
120	을의 소심함에 대한 옹호 ǀ 김민휴	162	광부의 하늘이 무너졌다 ǀ 성희직

163 **천년에 아흔아홉 번** | 김려원
164 **이별 후에 동네 한 바퀴** | 이인호
165 **무릉별유천지 사람들** | 이애리
166 **오늘의 지층** | 조숙향
167 **오른쪽 주머니에 사탕 있는 남자 찾기** | 김임선
168 **소리들** | 정 온
169 **울음의 기원** | 강태승
170 **눈 맑은 낙타를 만났다** | 함진원
171 **도살된 황소를 위한 기도** | 김옥성
172 **그날의 빨강** | 신수옥
173 **의지와 표상으로서의 세계이니** | 박석준
174 **촛불 하나가 등대처럼** | 윤기묵
175 **목을 꺾어 슬픔을 죽이다** | 김이하
176 **미시령** | 김 림
177 **소나무 방정식** | 오새미
178 **골목 수집가** | 추필숙
179 **지워진 길** | 임 윤
180 **달이 파먹다 남은 밤은 캄캄하다** | 조미희
181 **꽃도 서성일 시간이 필요하다** | 안준철
182 **안산행 열차를 기다린다** | 박봉규
183 **읽기 쉬운 마음** | 박병란
184 **그림자를 옮기는 시간** | 이미화
185 **햇볕 그 햇볕** | 황성용
186 **내가 지켜내려 했던 것들이 나를 지키고** | 김용아
187 **신을 잃어버렸어요** | 이성혜
188 **웃음과 울음 사이** | 윤재훈
189 **그 길이 불편하다** | 조혜영
190 **귤과 달과 그토록 많은 날들 속에서** | 홍순영
191 **버려진 말들 사이를 걷다** | 봉윤숙
192 **나는 그를 지우지 못한다** | 정원도
193 **시인 안에 북적이는 찌꺼기들** | 최일화
194 **세렝게티의 자비** | 전해윤
195 **고양이의 저녁** | 박원희
196 **고요한 세상의 쓸쓸함은 물밑 한 뼘 어디쯤일까** | 금시아
197 **순포라는 당신** | 이애리
198 **고요한 노동** | 정세훈
199 **별** | 정일관
200 **시간의 색깔은 꽃나무처럼 환하다** | 백무산·맹문재 엮음
201 **꽃에 쏘였다** | 이혜순
202 **우수와 오수 사이** | 이 윤
203 **열렬한 심혈관** | 양선주
204 **머문 날들이 많았다** | 박현우
205 **죄의 바탕과 바닥** | 강태승
206 **곰팡이도 꽃이다** | 윤기묵
207 **지팡이는 자꾸만 아버지를 껴입어** | 이혜민
208 **진뫼 오리길** | 김도수
209 **연하리를 닮다** | 정유경
210 **체위에 관한 질문** | 박미현

고 씨의 평미레

이주희 시집